Wissenschaftliche Beiträge aus dem Tectum Verlag

Reihe Sozialwissenschaften

Wissenschaftliche Beiträge
aus dem Tectum Verlag

Reihe Sozialwissenschaften
Band 84

Erik Haferland

Gentrifizierung – eine Frage des Lebensstils?

Eine Untersuchung am Beispiel der Berliner Stadtteile Wedding und Moabit

Tectum Verlag

Erik Haferland
Gentrifizierung – eine Frage des Lebensstils?
Eine Untersuchung am Beispiel der Berliner Stadtteile Wedding und Moabit
Wissenschaftliche Beiträge aus dem Tectum Verlag,
Reihe: Sozialwissenschaften; Bd. 84

ISBN 978-3-8288-4065-2
ePDF 978-3-8288-6907-3
ISSN 1861-8049

Umschlaggestaltung: Tectum Verlag, unter Verwendung einer Illustration
von Benedikt Klaus | Neukla web & film Neumann Klaus GbR

Printed in Germany

Besuchen Sie uns im Internet
www.tectum-verlag.de

Bibliografische Informationen der Deutschen Nationalbibliothek
Die Deutsche Nationalbibliothek verzeichnet diese Publikation
in der Deutschen Nationalbibliografie; detaillierte bibliografische
Angaben sind im Internet über http://dnb.ddb.de abrufbar.

Inhaltsverzeichnis

I Verzeichnis der Tabellen

II Verzeichnis der Karten

Einleitung

Deutschland im Allgemeinen und den deutschen Großstädten im Besonderen werden eine steigende Einkommensungleichheit und daraus folgend eine größere soziale Ungleichheit attestiert. Bei der Vermögensungleichheit belegt Deutschland einen traurigen Spitzenplatz in Europa – trotz wachsender Konjunktur. Der zunehmende Wohlstand scheint sich nicht, oder nicht gleichmäßig auf alle Bevölkerungsgruppen zu verteilen.[1]

Besonders in Großstädten wie Berlin, Hamburg oder München, wird soziale Ungleichheit deutlich sichtbar, da hier verschiedene Bevölkerungsgruppen, welche verschiedenen sozialen Schichten, oder auch Milieus angehören, geographisch sehr dicht nebeneinander leben. Gleichzeitig besteht zwischen ihnen eine schier unüberwindbare soziale Distanz.

In Berlin, der deutschen Hauptstadt, die als das „Armenhaus Deutschlands"[2] galt, wohnten verschiedene soziale Gruppen lange Zeit zusammen, im selben Bezirk, im selben Wohnquartier und sogar im selben Haus. Diese soziale Mischung war beabsichtigt und sollte soziale Spannungen zwischen den verschiedenen Bewohnern der Stadt verringern. Der Begründer dieser Idee, James Hobrecht, war ab 1866 für den Stadterweiterungsplan Berlins zuständig und wollte durch diese gemischte Belegung der neu entstehenden Mietskasernen die Interaktionen zwischen verschiedenen Klassen fördern, um Vorurteile abzubauen. Wohlhabende Bürger bewohnten zumeist das Vorderhaus, Unternehmer erhielten Ladenflächen in den Erdgeschossen oder im Seitenflügel und im Hinterhof wohnten ärmere Familien. Diese soziale Mischung gab es jedoch nicht in allen Bezirken Berlins, so lebten beispielsweise in Zehlendorf hauptsächlich Beamte und andere wohlhabende Bevölkerungsgruppen.[3]

Es sei jedoch zu beobachten, dass die soziale Mischung, welche als charakteristisch für Berlin galt, immer weiter abnimmt. War Berlin noch bis in das späte 20. Jahrhundert eine Stadt der Arbeiter und Beamten, änderte die Wiedervereinigung dies schlagartig. Auf der Stadt lastete ein gewaltiger Aufwertungsdruck – es gab Erwartungen, nach denen Berlin zu einer Global City mit über sechs Millionen Einwohnern aufsteigen würde. Das Gegenteil war jedoch der Fall: Durch den

1 Vgl.: Spannagel 2015, S. 13.

2 Greive, Martin – Berlin wandelt sich vom Armenhaus zur Boomtown, online verfügbar unter: http://www.welt.de/wirtschaft/article122103653/Berlin-wandelt-sich-vom-Armenhaus-zur-Boom-Town.html, letzter Stand: 01.07.2016.

3 Vgl.: Häußermann; Siebel 2000a, S. 122–124.

Entfall staatlicher und alliierter Subventionen brach das produzierende Gewerbe in Berlin zusammen, die Arbeitslosigkeit stieg rasant an und viele benachteiligte Haushalte sammelten sich in bestimmten Gebieten der Stadt, während es stabile und wohlhabendere Haushalte in andere Gebiete, oder an den Stadtrand zog. Die dadurch fehlenden Steuergelder sorgten für einen Kollaps des Berliner Haushalts, wodurch der Senat oft keine andere Möglichkeit sah, als die Privatisierung öffentlichen Eigentums voranzutreiben. Berlin entwickelte sich von einer geteilten in eine gespaltene Stadt.[4]

In den letzten Jahren konnte Berlin im Vergleich zum Rest Deutschlands jedoch aufholen, verschiedenste Förderprojekte, die Fertigstellung des neuen Regierungsviertels, viele Infrastrukturprojekte, sowie ein sehr guter Ruf als Metropole der Kreativen und der Außenseiter haben zu der Ansiedlung neuer Dienstleistungsunternehmen geführt. Zwischen 2005 und 2013 habe sich die Wirtschaftsleistung um 17 Prozent erhöht, was zahlreiche neue Arbeitsplätze, vor allem in modernen Branchen mit sich brachte.[5]

Dies sorgte auch dafür, dass die Einwohnerzahl Berlins wieder anstieg – waren es im Jahr 1998 noch 3.358.235[6], wurden im Jahr 2015 schon 3.562.166 Personen gezählt, Tendenz steigend. Die stärksten Anstiege hatten in dieser Zeit mit Abstand die innenstadtnahen Ortsteile zu verzeichnen, das Wohnen am Stadtrand scheint für viele, vor allem jüngere Haushalte oder Angestellte im Dienstleistungssektor, weniger attraktiv zu sein als noch vor einigen Jahren.[7]

Da diese neuen Bewohner Berlins Wohnraum benötigten, konnte in den letzten Jahren der relativ hohe Leerstand in der Hauptstadt getilgt werden. Durch den weiter anhaltenden Zuzug und die dadurch hohe Nachfrage nach Wohnungen stiegen die Mietpreise in Berlin deshalb beachtlich, allein zwischen 2006 und 2015 war ein Anstieg von über 50 Prozent zu verzeichnen. Dies habe jedoch auch am vorher generell sehr niedrigen Preisniveau in Berlin gelegen.[8]

Problematisch zeigte sich jedoch eine Kombination aus zwei Entwicklungen: Der Verkauf staatlicher Wohnungen, vornehmlich an Großinvestoren und Immobilienfonds und die durch steigende Vermögensungleichheit zurückgehende soziale Durchmischung.

---

4 Vgl.: Häußermann; Kapphan 2002, S. 237–239.

5 Vgl.: Greive, Martin - Berlin wandelt sich vom Armenhaus zur Boomtown, online verfügbar unter: http://www.welt.de/wirtschaft/article122103653/Berlin-wandelt-sich-vom-Armenhaus-zur-Boom-Town.html, letzter Stand: 01.07.2016.

6 Vgl.: Häußermann; Kapphan 2002, S. 93.

7 Vgl.: CBRE GmbH; Berlin Hyp Ag – Wohnmarktreport 2015, S. 96.

8 Vgl.: Bouali; Gude 2014, S. 46–47.

Der Trend des innerstädtischen Wohnens geht immer mehr zu einer Homogenisierung der Wohnviertel. Soziale Gruppen würden nun großen Wert darauf legen, unter gleichen zu sein und empfinden eine heterogene Wohnumgebung möglicherweise sogar als störend.[9] Man könne hier auch von einer freiwilligen Segregation sprechen, einer freiwilligen Verteilung der Bewohner einer Stadt anhand ihrer ökonomischen und sozialen Merkmale.[10] Die implizierte Wahlfreiheit, welcher Wohnstandort bevorzugt wird, haben dabei jedoch nur Haushalte, welche sich auf dem mittlerweile stark umkämpften Wohnungsmarkt durchsetzen können.[11] Benachteiligte und besonders einkommensschwache Haushalte erfahren entsprechend eine unfreiwillige Segregation, wobei man auch von Verdrängung sprechen kann, sofern diese Haushalte unfreiwillig ihren Wohnstandort zugunsten anderer sozialer Gruppen wechseln müssen.[12]

Besonders innenstadtnahe Ortsteile sind von diesem Prozess oft betroffen, da verschiedene Bevölkerungsgruppen jeweils eigene Gründe haben, diesen Wohnort vorzuziehen. Oft sind diese Gruppen in einem ähnlichen Alter, jedoch in unterschiedlichen sozialen und ökonomischen Verhältnissen.[13]

Die höhere Durchsetzungskraft am Markt nutzen wohlhabendere Gruppen jedoch aus. Sie fragen attraktiv geschnittene Wohnungen in guter Lage nach, welche daraufhin oft nach den Wünschen der zahlungskräftigen Kundschaft modernisiert werden. Die steigenden Kosten im Gebiet führen dann dazu, dass andere soziale Gruppen der Zugang zu diesen Wohnungen versperrt bleibt, da sie sich diese nicht leisten können. Dies beschreibt – in sehr kurzer Form – das Phänomen der Gentrifizierung.

Gentrifizierung war bis vor einigen Jahren ein relativ unüblicher Begriff in der Stadtsoziologie, sowie in den Medien. So kam es sogar dazu, dass ein Berliner Stadtsoziologe verhaftet wurde, weil er dieses Wort in einigen seiner Arbeiten verwendete und die Polizei ihn deshalb mit einer terroristischen Gruppierung in Verbindung brachte.

Mittlerweile hat sich der Begriff zu einem der meistdiskutierten Themen in deutschen Großstädten, vor allem in Berlin, entwickelt. Seit im Ortsteil Prenzlauer Berg in den späten 1990er Jahren umfassende Aufwertungen durchgeführt wurden und die bisherigen Bewohner durch wohlhabende Haushalte verdrängt

9 Vgl.: Häußermann; Kapphan 2002, S. 228–229.

10 Vgl.: Plate; Polinna; Tonndorf 2014, S. 293–294.

11 Vgl.: Blasius 2004, S. 24–25.

12 Vgl.: Blasius 1993, S. 43.

13 Vgl.: Dangschat 1988, S. 284–285.

wurden, was große mediale Aufmerksamkeit erfuhr, erhitzt das Wort Gentrifizierung die Gemüter. Seitdem jedoch auch andere innenstadtnahe Ortsteile, wie Kreuzberg und Friedrichshain, betroffen sind, befürchten viele Berliner, dass ihr Quartier als nächstes einen Wandel erfährt und sie ihre Wohnung räumen müssen.

Hierbei herrscht, so wird in Gesprächen mit Ansässigen klar, viel Unklarheit darüber, was Gentrifizierung ist, wie und wo ein solcher Prozess ablaufen kann, welche Ursachen und Auswirkungen er hat und ob er sich eventuell aufhalten lässt. Oft werden alltägliche Veränderungen in einem Quartier, wie die Eröffnung eines Bio-Markts, eines neuen Cafés oder Ähnliches als Zeichen einer kurz bevorstehenden Gentrifizierung gesehen. Dies könnte mit negativen Erfahrungen in anderen Ortsteilen, Vorurteilen und auch Unwissenheit zusammenhängen.

Ziel dieser Arbeit soll es deshalb auch sein, diese Unwissenheit zu nehmen. Sie ist deshalb so geschrieben, dass auch Personen, die sich noch nie mit dem Thema Gentrifizierung auseinandergesetzt haben, problemlos dieses Phänomen verstehen können sollen.

Weiterhin ist es ein Ziel dieser Arbeit, zwei Ortsteile Berlins genauer zu untersuchen: Wedding und Moabit. Hintergrund sind Vermutungen von Anwohnern, aber auch von Stadtforschern, dass diese Quartiere als potenzielle Gebiete für Aufwertungen in Frage kommen. Teilweise wird sogar behauptet, dass Gentrifizierungsprozesse bereits erkennbar seien. Zudem handelt es sich sowohl bei Berlin Wedding, als auch bei Berlin Moabit um innenstadtnahe Ortsteile und ehemalige Arbeiterbezirke mit Altbaustrukturen und vormals problematischer Sozialstruktur. Eine genaue Untersuchung der Gebiete kann Klarheit über das Vorhandensein von Gentrifizierungstendenzen, sowie deren eventuelle Ausprägung bringen. Spekulationen könnten so eingedämmt und stattdessen geeignete Gegenmaßnahmen rechtzeitig getroffen werden.

Weiterhin wichtig ist das Phänomen der Gentrifizierung in einen größeren Rahmen einzuordnen. Wie bereits offensichtlich wurde handelt es sich hierbei um eine Sonderform von Segregation in einer Großstadt, welche wiederum aus fortschreitender sozialer Ungleichheit resultiert. Auch die Frage, weshalb es bestimmte Gruppen sind, die innenstadtnahen Lebensraum nachfragen, soll beantwortet werden. Aus diesen verschiedenen Zielen der vorliegenden Arbeit ergibt sich folgender Aufbau:

Im ersten Kapitel werden zuerst Städte und Stadttheorien vorgestellt, um den Untersuchungsraum genauer zu identifizieren. Anschließend wird detailliert soziale Ungleichheit beschrieben. Im Anschluss werden Lebensstile und deren Ausdruck durch Konsum vorgestellt, um im nächsten Schritt deren Zusammenhänge mit sozialer Ungleichheit zu erläutern. Anschließend wird genauer auf das Phänomen der Segregation eingegangen und, abschließend, wie sich dies in Verdrängung äußern kann und worum es sich bei Verdrängung genau handelt.

Das zweite Kapitel der Arbeit befasst sich mit dem Phänomen der Gentrifizierung. Hierbei soll der derzeitige Forschungsstand umfassend aufgezeigt werden, was Begriffserklärung, Definitionen, verschiedene Formen und Auswirkungen, sowie die Darstellung der Prozesse in Erklärungs- und Ursachenmodellen einschließt. Am Ende des Kapitels soll der Leser das Phänomen der Gentrifizierung verstanden haben.

Im dritten Kapitel werden die Untersuchungsgebiete vorgestellt, wobei auch die gesamte Stadt Berlin betrachtet wird, da viele Entwicklungen in den Quartieren mit den gesamtstädtischen Entwicklungen verglichen werden müssen. Daraufhin folgt eine Begründung zur Auswahl der beiden Untersuchungsgebiete. Anschließend wird jeweils ein kurzer Abriss der Geschichte der Ortsteile Wedding und Moabit vorgestellt.

Das vierte und letzte Kapitel der Arbeit beinhaltet die Analyse der Untersuchungsgebiete Wedding und Moabit. Hierbei wird zuerst das Vorgehen und die Methodik erläutert, anschließend werden Indikatoren festgelegt, anhand derer die Gentrifizierungsprozesse gemessen werden. Die Analyse der beiden Gebiete schließt sich daran an. Abschließend sollen in beiden Untersuchungsgebieten Gentrifizierungsprozesse nachgewiesen oder widerlegt werden und, sofern sie nachgewiesen wurden, sollen die Quartiere in eine Phase des Phasenmodells der Gentrifizierung eingeordnet werden.

Aus den gesetzten Zielen leiten sich folgende Forschungsfragen ab, welche im Schlussteil der Arbeit beantwortet werden sollen:

1. Was ist Gentrifizierung, wie hängt das Phänomen mit sozialer Ungleichheit zusammen und welchen Einfluss haben Lebensstile auf diese Prozesse?
2. Finden Gentrifizierungsprozesse in den Berliner Ortsteilen Wedding und Moabit statt? Falls ja, in welche Phase des Phasenmodells der Gentrifizierung lassen sich die Entwicklungen einordnen?
3. Welche zukünftigen Entwicklungen sind in den Untersuchungsgebieten zu erwarten und wie kann auf diese noch Einfluss genommen werden?

1 Soziale Ungleichheit, Lebensstile und Segregation in Großstädten

1.1 Großstädte – Beschreibungen, Definitionen und Modelle

Städte und allen voran Großstädte bilden für die Soziologie hervorragende Forschungsräume, besonders bezogen auf Phänomene der sozialen Ungleichheit, welche in dieser Arbeit behandelt werden. Sie können als Spiegel der Gesellschaft verstanden werden, in denen sich weitreichende gesellschaftliche Veränderungen meist zuerst und in größerem Umfang erkennen lassen.[14]

Es gibt allerdings auch speziellere Phänomene, die vornehmlich, beziehungsweise fast ausschließlich, in größeren Städten auftreten. Besonders die Segregation, also eine ungleiche Verteilung von Wohnstandorten sozialer Gruppen und die räumliche Konzentration dieser in bestimmten Gebieten[15] sowie die Gentrifizierung, eine Sonderform der Segregation von Bevölkerungsgruppen und der Homogenisierung von Wohngebieten nach deren Aufwertung, sind Phänomene moderner Städte.[16] Diese unterscheiden sich jedoch in ihrer Ausprägung und Intensität von Stadt zu Stadt teilweise stark voneinander, was mit der Einzigartigkeit von Städten erklärt werden kann. „Städte haben eine jeweils einzigartige Geschichte (ein ‚Stadtschicksal'), sie unterscheiden sich in der Materialität, im Klima, in der Bebauung, sie weisen unterschiedliche politische Kulturen auf und befinden sich in zum Teil gravierend verschiedenen ökonomischen Situationen."[17]

Um die komplexen soziostrukturellen Vorgänge der sozialen Ungleichheit, der Segregation und Gentrifizierung, die in dieser Arbeit ausführlich behandelt werden, besser verstehen zu können, sollen in diesem Kapitel Städte beschrieben und definiert werden und zudem die Stadtmodelle der europäischen Stadt und der Global City kurz vorgestellt werden.

> Städte können beschrieben werden als:
>
> „1. relativ große, dicht besiedelte und dauerhafte Niederlassungen gesellschaftlich heterogener Individuen

---

14 Vgl.: Löw; Steets; Stoetzer 2008, S. 38.

15 Vgl.: Gestring; Janßen 2002, S. 147.

16 Vgl.: Löw; Steets; Stoetzer 2008, S. 41–42.

17 Löw; Steets; Stoetzer 2008, S. 10.

2. strukturelle, strategische Knoten- und Kristallisationsorte der Arbeitsorganisationen und Konsumption einer Gesellschaft

3. wahrgenommene, über Erfahrung zugängliche Räume im Deutungsfeld ‚innen und außen' sowie ‚vertraut und fremd'."[18]

Als Minimaldefinition einer Stadt verwendete Louis Wirth schon 1938 folgenden Satz: „Für soziologische Zwecke kann die Stadt definiert werden als eine relativ große, dicht besiedelte und dauerhafte Niederlassung gesellschaftlich heterogener Individuen."[19]

Städte sind jedoch mehr als bloße Ansammlungen einer Vielzahl von sozial heterogenen Individuen auf einer begrenzten Fläche, sie werden durch ihre Bewohner auch wahrgenommen und erlebt. So sind Städte strategische Orte der Gesellschaft und bilden Zentren der Produktion und Konsumption. Dabei stehen sich diese beiden Aspekte nicht abstrakt gegenüber, sondern werden an konkreten Orten in der Stadt als Handlung realisiert. Die Wahrnehmung und das Erleben von Städten hängt demnach auch stark damit zusammen, welche Formen von Produktion und Konsumption durch ihre Bewohner umgesetzt werden.[20]

In der soziologischen Stadtforschung gibt es verschiedene Modelle, die versuchen, die räumlich-sozialen Merkmale einer Stadt zu erklären und zu veranschaulichen. Dies ist durch die Heterogenität und die Überlagerung vieler gesellschaftlicher Entwicklungen, die in Städten aufeinandertreffen, jedoch schwierig. Interessant für die Betrachtung Berlins in dieser Arbeit sind vor allem die Modelle der Europäischen Stadt und der Global Cities.[21]

Das Modell der europäischen Stadt basiert auf der Annahme der Stadt als Entstehungsort der bürgerlichen Gesellschaft ab dem 11. Jahrhundert. Sie ist ein Ort der Emanzipation und der gesellschaftlichen Dynamik. Dort herrscht eine ‚urbane' Lebensweise vor, welche sich durch die Trennung von Öffentlichkeit und Privatheit auszeichnet. Weitere Kennzeichen der europäischen Stadt sind große Unterschiede zwischen Stadt und Land, sowie Größe, Dichte und Heterogenität. Sie ist zudem ein Ort großer sozialer Unterschiede, die durch Arbeitsteilung und die Überschneidungen von Wohnen, Freizeit und Arbeit aber frei von Konflikten sein kann.[22]

---

18 Löw; Steets; Stoetzer 2008, S. 13.

19 Wirth, zitiert nach: Löw; Steets; Stoetzer 2008, S. 11.

20 Vgl.: Löw; Steets; Stoetzer 2008, S. 12.

21 Vgl.: Löw; Steets; Stoetzer 2008, S. 93.

22 Vgl.: Löw; Steets; Stoetzer 2008, S. 94–97.

Moderne Großstädte verfügen, bedingt durch ihr schnelles Wachstum nach dem Zweiten Weltkrieg, meist über mehr als ein Zentrum, da dieses zu klein geworden ist, um die grundlegenden Funktionen von Versorgung und Verwaltung für alle Bewohner zu gewährleisten. Dort bildeten sich deshalb Subzentren, beziehungsweise Stadtteilzentren in einzelnen Bezirken, ein Trend der durch die Suburbanisierung im späten 20. Jahrhundert noch verstärkt wurde.[23] „Das klassische Bild der Stadt ist geprägt durch deren Zentrum, die Innenstadt oder City. Es ist der Ort höchster Erreichbarkeit, der höchsten Bodenpreise und Bebauungsdichte, der Ort mit der stärksten Mischung von Gelegenheiten. [...] Dieses Bild ist durch die europäische Stadt entstanden. [...] Der wichtigste Grund für den Wandel der Funktion der Innenstadt ist das Wachstum der Städte, durch das sie von einer monozentrischen zu einer polyzentrischen Struktur transformiert werden."[24] Berlin bildet einen Sonderfall dieser polyzentrischen Struktur, was teilweise durch die Eingliederung einzelner Dörfer in die Kernstadt im späten 19. Jahrhundert und teils durch die Teilung der Stadt nach dem Zweiten Weltkrieg bedingt ist. So weisen die einzelnen Stadtteile in Berlin teils eigene, charakteristische Strukturen auf und verfügen über ihre jeweiligen Zentren, während eine klassische Innenstadt nach dem Vorbild einer europäischen Stadt nicht vorhanden ist.

Das Modell der europäischen Stadt mag besonders für kleinere europäische Großstädte weiterhin gültig sein, doch für Metropolen wie London oder Paris oder Sonderfälle wie Berlin scheint es veraltet.

Geleitet vom Gedanken der Globalisierung entstand deshalb das Modell der Global Cities, welches von Städten als Zentrum von Steuerungsfunktionen der Wirtschaft ausgeht. So haben Städte mit starker Kommunikations- und Finanzinfrastruktur eine führende Rolle in der globalen Wirtschaft. Diese Global Cities stehen in Konkurrenz zueinander, auch um qualifizierte Arbeitskräfte. Die Bündelung dieser Strukturen setzt allerdings ein großes Netz an Dienstleistungen voraus, welche auch den Niedriglohnsektor einschließen. So sind Global Cities als Orte großer Ungleichheit und finanzieller Gegensätze zu verstehen, da hier arm und reich lokal dicht beisammen arbeiten, sozial jedoch weit voneinander entfernt sein können.[25]

Auffällig bei beiden vorgestellten Modellen, aber auch bei einigen anderen, hier nicht betrachteten Modellen, ist die Feststellung, dass die Beschaffenheit der

---

23 Vgl.: Friedrichs 1995, S. 101–103.

24 Friedrichs 1995, S. 125.

25 Vgl.: Friedrichs 1995, S. 112–118.

Stadt selbst zu sozialer Ungleichheit führt. Anders als in der europäischen Stadt hat die soziale Ungleichheit in der Global City jedoch ein sehr hohes Konfliktpotenzial, da sie hier viel intensiver auftritt.

Berlin wird in der Literatur nicht in der gleichen Riege der Global Cities gesehen wie London oder Paris, da der Stadt, bedingt durch ihre Teilung bis 1989, kaum Zentren der Finanzwirtschaft und wenig produzierendes Gewerbe geblieben sind. Lediglich in den Bereichen Kunst und Kultur, sowie der jungen Branche der Internet-Industrie kann Berlin sich mit anderen Global Cities messen.[26] Gleichzeitig wirkt Berlin nicht wie eine klassische europäische Stadt wie in dem dazugehörigen Modell beschrieben. Berlin scheint dementsprechend – wie so oft in seiner Geschichte – eine Sonderrolle einzunehmen und sich zwischen den Modellen der europäischen Stadt und der Global City zu positionieren. Die hier vorgestellten Modelle und Forschungsansätze sollen nur einen kleinen Überblick über das Feld geben, weitere würden den Rahmen dieser Arbeit übersteigen.

1.2 Soziale Ungleichheit in Großstädten

Die in dieser Arbeit betrachteten Phänomene der Segregation und der Gentrifizierung sind Ausdrucksformen von sozialer Ungleichheit in Städten, weshalb in diesem Kapitel vorerst beschrieben werden soll, was genau soziale Ungleichheit ist, wie sie sich auf die Bewohner der Stadt auswirkt und unter welchen Umständen sie als negativ empfunden wird.

Soziale Ungleichheit ist in der Stadtsoziologie nicht als ausschließlich negativer Effekt ungleicher Vermögensverteilung zu verstehen. Vielmehr ist Ungleichheit immer vorhanden, sobald es eine Struktur in jedweder Form gibt.[27] Soziale Ungleichheit muss zudem strikt von dem Wort Ungerechtigkeit getrennt werden, da Ungleichheit mitunter für eine Sozialstruktur zuträglich sein kann. Nirgends wird dies so anschaulich bestätigt, wie in der Evolutionstheorie, wo Ungleichheit zu einem fundamentalen Naturprinzip wird.[28]

Eine Stadt, welche laut Definition ein gewisses Maß an Heterogenität voraussetzt, benötigt dementsprechend auch soziale Ungleichheit. Stadtsoziologie beschäftigt sich deshalb auch mit der Frage danach, wie viel Ungleichheit eine Stadt

---

[26] Vgl.: Häußermann; Kapphan 2002, S. 72–81.

[27] Vgl.: Erlinghagen; Hank 2013, S. 48.

[28] Vgl.: Erlinghagen; Hank 2013, S. 49.

benötigt, um vielfältig und urban zu sein und wie viel Ungleichheit die Stadt verträgt, um noch funktionieren zu können.[29] Damit soziale Ungleichheit von den Mitgliedern einer Gesellschaft als gerecht verstanden werden kann, muss diese in eine von allen als gerecht akzeptierte, kollektive Sozialordnung eingebettet sein, die sich die Gesellschaft selbst gibt, um weiter funktionieren zu können. In einer solchen Sozialordnung werden natürliche Ungleichheitsprinzipien, kurz das Recht des Stärkeren, aufgegeben (wobei diese niemals völlig entfallen können) und gegen soziale Ungleichheitsprinzipien ersetzt. Die zugrundeliegenden sozialen Regeln, welche zur Entstehung der Sozialordnung benötigt werden, sind meist historisch und kulturell bedingt und können daher einem Wandel unterliegen. Eine mögliche, als gerecht zu empfindende, Sozialordnung ist beispielsweise das Leistungsprinzip, bei dem zwar Ungleichheit vorherrscht, allerdings jeder, der fleißig ist und mehr arbeitet als Andere, mehr bekommen kann.[30]

Dies führt direkt zur nächsten Voraussetzung, unter der soziale Ungleichheit als gerecht angesehen werden kann: Chancengleichheit für alle Mitglieder einer Gesellschaft. Ausgehend vom Naturrecht werden alle Menschen als von Geburt an gleich betrachtet, mit gleichen Chancen erfolgreich zu sein. Dies gilt, zumindest in westlichen Demokratien, als fundamentales Gerechtigkeitsprinzip, sollte aber keinesfalls mit einem Recht auf gleiche Verteilung verwechselt werden. Chancengleichheit ist ein Phänomen der Moderne. Mangelnde Chancengleichheit ist ethisch gesehen ungerecht und verstößt gegen die universellen Menschenrechte, zudem gefährdet sie den Zusammenhalt einer Gesellschaft.[31]

Chancengleichheit lässt sich, laut Erlinghagen und Hank, in drei Formen unterteilen. Die erste Form ist die Zugangschancengleichheit, welche ausdrückt, dass niemandem aufgrund seiner Herkunft der Zugang zu und der Aufbau von Ressourcen verweigert werden darf. Form zwei, die Erfolgschancengleichheit, drückt aus, dass gleiche Leistung immer nach gleichen Maßstäben belohnt werden soll, egal wer die Arbeit leistet und wer sie kontrolliert. Die dritte Form ist die Verwendungschancengleichheit, welche ausdrückt, dass gleiche Ressourcen immer den gleichen Wert haben sollen, egal wer sie besitzt und dass diese immer die gleichen Chancen eröffnen sollen.[32]

[29] Vgl.: Harth; Scheller; Tessin 2000, S. 30–31.

[30] Vgl.: Erlinghagen; Hank 2013, S. 50–52.

[31] Vgl.: Erlinghagen; Hank 2013, S. 52; 57–58.

[32] Vgl.: Erlinghagen; Hank 2013, S. 58.

Sofern innerhalb einer Gesellschaft eine Sozialordnung vorherrscht, welche nicht von allen Mitgliedern als gerecht akzeptiert wird und auch keine Chancengleichheit innerhalb dieser Gesellschaft nachweisbar ist, muss davon ausgegangen werden, dass die vorherrschende soziale Ungleichheit stark ausgeprägt ist und einige Mitglieder bevorzugt werden, während andere benachteiligt werden. Auf Dauer kann der gesellschaftliche Zusammenhalt in einem sozialen Raum, selbst in einer Stadt, welche ein gewisses Maß an Ungleichheit voraussetzt, nicht aufrechterhalten werden, wenn die soziale Ungleichheit als ungerecht wahrgenommen wird und objektiv gesehen auch ist.

Besonders schwerwiegend ist soziale Ungleichheit, wenn sie zu einer hierarchischen Differenzierung der Bevölkerung führt. Luhmann bezeichnet dies als „zugemutete Ungleichheit“[33], wobei die Unterteilung der Hierarchien sowohl Klassen, Schichten und Milieus, aber auch Sozialstrukturprinzipien wie Ethnizität, Alter und Geschlecht umfasst.[34]

Auch der demographische Wandel, der teilweise als ein gesellschaftlicher Megatrend bezeichnet wird, verstärkt die soziale Ungleichheit in Städten. Es handelt sich dabei um einen Prozess in vielen industrialisierten Ländern, der eine tiefgreifende Veränderung der Altersstruktur der Gesellschaft beschreibt.

Aufgrund niedriger Geburtenraten und steigende Lebenserwartung wird der Anteil der älteren und alten Menschen immer größer, in Deutschland wird im Jahr 2050 demnach voraussichtlich ein Drittel der Bevölkerung 65 Jahre oder älter sein, 15% werden über 80 sein. Dies wird enorme Folgen für den Arbeitsmarkt der modernen Industrie- und Dienstleistungsgesellschaften haben und somit auf den gesamtgesellschaftlichen und individuellen Konsum und Wohlstand, sowie auf die Finanzierungsmöglichkeiten sozialpolitischer Leistungen.

Problematisch wird, neben der finanziellen Versorgung der Alten und der höheren Belastung für die erwerbstätige Bevölkerung, auch die Unterbringung. Durch die soziale Ungleichheit der Bevölkerungsgruppen und die sich dadurch manifestierende Segregation und steigende Preise in Großstädten ist die Entstehung von Wohngebieten, in denen fast ausschließlich ältere Menschen leben, zu befürchten. Dies hängt auch damit zusammen, dass Ältere auf die Inanspruchnahme von Infrastruktur und ärztlicher Versorgung angewiesen sind, die meist nur größere Städte bieten könnten.[35]

---

33 Luhmann, zitiert in: Löw; Steets; Stoetzer 2008, S. 43.

34 Vgl.: Löw; Steets; Stoetzer 2008, S. 43.

35 Vgl.: Erlinghagen; Hank 2013, S. 227–234.

Eine weitere Auswirkung sozialer Ungleichheit in Städten, welche teilweise sogar messbar ist, ist die Beschaffenheit von Wohnraum. Haushalte mit höheren Einkommen verfügen prinzipiell meist über einen größeren und neueren Wohnraum, der eine bessere Ausstattung hat und sich in einer besseren geographischen Lage befindet. Die residenzielle Situation kann ebenfalls benachteiligend wirken, beispielsweise wenn durch einen schlechten Sanierungsstand die Wände schimmeln und dies zu einem Gesundheitsrisiko wird.[36] Allgemein ist zu erwarten, dass durch Faktoren der sozialen Ungleichheit eine Polarisierung der Wohnsituationen in homogene Wohnviertel stattfinden wird, da wohlhabende Haushalte eher in der Lage sind, sich auf dem umkämpften Wohnungsmarkt durchzusetzen und an einem Wohnumfeld mit ähnlichem sozialen Hintergrund interessiert sind. „Der Zusammenhang von Wohnen und sozialer Ungleichheit ist demnach wechselseitig: Wohnverhältnisse spiegeln die Ungleichheiten der Sozialstruktur wieder und verursachen bzw. verstärken sie zugleich.“[37] Benachteiligend ist diese Entwicklung dann, wenn einkommensschwächere Haushalte sich in bestimmten Quartieren sammeln, was als Segregation bezeichnet wird.[38]

Demnach kann auch die Wohnungsversorgung in einer Stadt als Spiegel der sozialen Ungleichheit verstanden werden, was dem Phänomen der Gentrifizierung bereits nahekommt. So wird angenommen, dass die Ausstattung, Größe und Lage von Wohnraum von Haushalten mit höherem Einkommen deutlich besser ist, als die von Haushalten mit geringem Einkommen.[39] Die besseren finanziellen Möglichkeiten mancher Haushalte ermöglichen das Umsetzen und Ausleben anderer, teurerer Vorlieben und ermöglichen so andere Lebensstile, als es bei ärmeren Haushalten der Fall ist. Um zu erfassen, wie die Wohnungsversorgung als Spiegel der sozialen Ungleichheit verstanden werden kann, muss zuerst definiert werden, was als Wohnung gilt. Hierzu wird das Statistische Bundesamt aus der Veröffentlichung Bautätigkeit und Wohnen zitiert:

> „Eine Wohnung ist die Summe aller Räume, die die Führung eines Haushalts ermöglichen, darunter ist stets eine Küche, oder ein Raum mit Kochgelegenheit. Eine Wohnung hat grundsätzlich einen eigenen abschließbaren Zugang vom Freien, einem Treppenhaus oder einem

---

36 Vgl.: Häußermann; Siebel 2000a, S. 120–121.

37 Häußermann; Siebel 2000a, S. 125.

38 Vgl.: Häußermann; Siebel 2000a, S. 130–134.

39 Vgl.: Häußermann; Siebel 2000a, S. 120–121.

Vorraum, ferner Wasserversorgung, Ausguss und Toilette, die auch außerhalb des Wohnungsabschlusses liegen können."[40]

Zudem müssen die messbaren Qualitätsunterschiede von Wohnungen erfasst werden, welche die Ungleichheit ausmachen. Diese umfassen zumeist deren Größe, auch pro Person gemessen, die technische Ausstattung, die Selbstständigkeit der Verfügung, also ob es sich um eine Mietwohnung oder um Eigentum handelt, der Zugang zu Freiräumen und die Kosten des Wohnraums. Außerdem müssten die Merkmalsdimensionen zur Bestimmung der sozialen Ungleichheit nach sozialen Gruppen festgelegt werden, wobei sich Schichten oder Milieus anbieten. Betrachtet werden müssten in jedem Fall Ungleichheiten der Arbeitssituation, der Einkommen, der Bildung und der sozialen Stellung, ebenso gelten Haushaltstypen und Haushaltsgrößen als wichtige Merkmale.[41]

Die Wohnsituation kann so als Spiegel der sozialen Ungleichheit in Städten verwendet werden, ist jedoch nicht in der Lage zu erklären, weshalb sich in einigen Quartieren von Städten eine homogene Bewohnerschaft mit den beiden Polen reich und arm bilden könne.[42] Um dies zu erklären müssen wiederum die Phänomene der Segregation und der Gentrifizierung betrachtet werden.

1.3 Lebensstile und deren Ausdruck durch Vorlieben und Geschmack

Bevor näher auf die Segregation in Großstädten eingegangen wird, soll an dieser Stelle beschrieben werden, wie sich neue Lebensstile seit dem späten 20. Jahrhundert durch bestimmte Vorlieben und Geschmäcker äußern und so Einfluss auf den Wohnungsmarkt einer Stadt haben.

Die Entstehung sogenannter neuer Lebensstile hängt vor allem mit einer Pluralisierung gesellschaftlicher Strukturen und der Lebensläufe von Individuen der Gesellschaft zusammen, sowie mit dem Wohlstandsschub in der Nachkriegszeit, dem Verlust traditioneller Normen und Werte, größeren Wahl- und Entscheidungsfreiheiten im Konsum und bei Freizeitgestaltung und Geselligkeit. Subjektive Komponenten im Handeln seien durch geringere soziale Zwänge wichtiger

---

40 Statistisches Bundesamt 1995, zitiert nach: Häußermann; Siebel 2000a, S. 125.

41 Vgl.: Häußermann; Siebel 2000a, S. 125–127.

42 Vgl.: Häußermann; Siebel 2000a, S. 120–121.

geworden. Lebensstile sind also expressive Lebensführungsmuster, die sicht- und messbarer Ausdruck der gewählten Lebensführung sind.[43]

Seit den 1970er Jahren sind zu den anerkannten, durch das ökonomische System zu befriedigenden Lebenszielen, also Wohlstands- und Erfolgszielen, auch soziale Lebensziele hinzugekommen. Diese sind Lebensziele der Integration, Selbstverwirklichung und Emanzipation. Sie können auch als postmateriell verstanden werden.[44]

In den 1980er und 1990er Jahren ist die vorher selbstverständliche Einbettung von Lebensverläufen in die kollektive Vergemeinschaftung von Familien, Partnerschaften und Statusgruppen abgelöst worden durch eine individuelle und autonome Lebenssteuerung. Diese erfordere individuelle Eigenverantwortung, welche in immer jüngerem Alter beansprucht und zugestanden wurde.[45] Demnach sind Lebensstile theoretisch frei wählbar, solange eine Gesellschaft dies durch ihr Werte- und Normensystem zulässt. Inwiefern dies auch negative Folgen haben kann, wird in Kapitel 1.4 beschrieben.

Lebensstile erfüllen drei Funktionen für Individuen einer Gesellschaft: Sie symbolisieren Identität und signalisieren Zugehörigkeit, sie markieren eine klare Abgrenzung zu anderen Lebensweisen und sie sind Mittel und Strategie zur Schließung sozialer Beziehungen von Statusgruppen.

Die spezifischen Ausprägungen von Lebensstilen sind anhand der Vorlieben und Geschmäcker von Individuen erkennbar, vor allem an Kleidung, Essen, Trinken, Kunstausübung und ihrer Wohnung. Gruppen von Menschen mit ähnlichen Vorlieben und Lebensweisen werden auch als Milieus beschrieben. Diese können wiederum anhand ihres Kapitals geschichtet werden, wobei Kapital in drei Formen unterschieden werden kann:

1. Ökonomisches Kapital: Die Summe an Geld und Wertsachen, Eigentum und Vermögen, sowie das Gehalt.
2. Kulturelles Kapital: Bildung, Lebensstil, Berufsabschluss und Kunstverständnis.
3. Soziales Kapital: Die Menge und Intensität von sozialen Kontakten, sowie die Integration in Netzwerke.

---

43 Vgl.: Spellerberg 2004, S. 111–115.

44 Vgl.: Hradil 2009, S. 287–288.

45 Vgl.: Mayer; Hilmert 2004, S. 142–144.

Die drei Formen von Kapital sind, zumindest teilweise, ineinander überführbar und unterschiedlich stark gewichtet, wobei das ökonomische Kapital oft erst die Möglichkeit für kulturelles und auch soziales Kapital eröffnet.[46]

In einem ähnlichen Ansatz nahm Bourdieu eine Klassifizierung der Gesellschaft anhand von Berufsgruppen vor und unterschied in eine herrschende, eine mittlere und eine untere Gruppe, wobei innerhalb einer Gruppe ähnliche, spezifische Geschmackszusammensetzungen vorherrschen.[47] Klassenzugehörigkeit drückt sich am sichtbarsten in unterschiedlichen Lebensstilen und deren Geschmäckern aus, daher ist Geschmack als Kriterium von Klasse gut geeignet. Der Zusammenhang zwischen Klassenstruktur und Geschmackskultur ist allerdings nicht direkt, sondern wird über den Habitus vermittelt. Habitus bedeutet in diesem Zusammenhang ein Denk-, Wahrnehmungs- und Beurteilungsschema, welches durch die Klassenstruktur erzeugt wird und seinerseits Lebensstile und Praxisformen hervorbringt, die wiederum den Klassenstrukturen angepasst sind und sie so reproduzieren.[48]

Ein weiterer Ansatz ist die Gleichsetzung der Differenzierung von Lebensstilen mit der Differenzierung und Verteilung von Konsumpräferenzen. Lebensstil bildet demnach eine bestimmte und erkennbare Form des Lebens, die im Konsum zum Ausdruck kommt. Konsumpräferenzen sind Ausdruck von Wahlfreiheit, die nicht durch Werte- und Normen, Moral oder Schichtzugehörigkeit begrenzt werden, sondern lediglich von Geld, also Finanzkraft des Individuums. Letztere Aussage verkennt allerdings die soziologischen Interessen, wobei der Versuch einer Identifikation von Lebensstilen anhand ihrer Ausgaben für die Erforschung sozialer Ungleichheit und spezieller der Gentrifizierung anhand der Ausgaben für Wohnraum durchaus interessant ist.[49]

Vor allem urbane Lebensstile sind für diese Arbeit interessant, womit Lebensstile gemeint sind, die ein innenstadtnahes Wohnen vorziehen. Diese sind geprägt von einem transitorischen Charakter und meist beschränkt auf eine Lebensphase und/oder Lebenssituation, in der (noch) keine endgültigen biographischen Entscheidungen gefällt werden müssen. Gleichzeitig sind sie aber auch attraktiv für Singles und Paare, welche längerfristig arbeits- und erlebnisorientiert leben wol-

46 Vgl.: Blasius 1993, S. 127–130.

47 Vgl.: Blasius 1993, S. 127–130.

48 Vgl.: Müller 2009, S. 339–342.

49 Vgl.: Müller 2009, S. 337–338.

len und bei denen der Wunsch nach Kindern (noch) nicht aufgekommen ist. Kennzeichen dieser kleinen Haushaltstypen ist auch ihre hohe Mobilität und die Möglichkeit, ihren Lebensstil schnell einer neuen Situation anzupassen.[50]

Diese urbanen Lebensstile sind, durch den Konsumwunsch bestimmter Gruppen nach innenstadtnahem Wohnen, mitverantwortlich für die steigende Nachfrage und somit steigende Kosten in innerstädtischen Wohnquartieren. Veränderte Konsumhaltungen, die auch die Wohnung mit Größe, Ausstattung, Preis und Wohnumfeld als Gegenstand haben, sind Teil der neuen Lebensstile. Ein Teil der alltäglichen Konsumption wird aus der Wohnung in deren unmittelbare Umgebung verlagert, was die Innenstadt attraktiv macht, da sich dort auch Gleichgesinnte finden lassen. Die Nähe zu Ausbildungs- und Arbeitsplätzen ist ebenfalls wichtig, während eine kinderunfreundliche Umgebung für diese Haushalte eher unwichtig ist.[51]

Innenstadtnahe Wohnungen werden von Personen nachgefragt, die in einer ähnlichen Position im Lebenszyklus wären, deren sozialer Status und Einkommen sich dennoch stark unterscheiden können. Dies kann zu Konflikten führen, da sie um den gleichen Standort konkurrieren und unterschiedliche Einstellungen zu Aufwertungen haben.[52]

Die neuen, urbanen Lebensstile sind zudem kennzeichnend für die sogenannten Akteure der Gentrifizierung, welche in Kapitel 2.1.3 beschrieben werden und bilden deshalb ein ausgesprochen wichtiges Merkmal – und möglicherweise auch einen Indikator – für die Gentrifizierung in Städten.

1.4 Zusammenhänge zwischen sozialer Ungleichheit und Lebensstilen

Lebensstile können zwar nicht losgelöst von verfügbaren materiellen Ressourcen betrachtet werden, jedoch sind sie umgekehrt nicht allein darauf zurückführbar. Soziale Ungleichheitsmerkmale spielen bei ihnen eine große Rolle.

Lebensstile sind Ausdruck einer persönlichen Lebens- und Bildungsgeschichte, von Handlungschancen und individuellen Ansprüchen, sowie Wertehaltungen. Sie gehen über die monetäre Dimension weit hinaus. Die Eigenverantwortung für den persönlichen Lebensweg ist mittlerweile selbstverständlich geworden. Beson-

---

50 Vgl.: Spiegel 2000, S. 213–214.

51 Vgl.: Dangschat 1988, S. 284–285.

52 Vgl.: Dangschat 1988, S. 284–285.

ders bei Konsum und Freizeit gewinnt bewusste Auswahl immer mehr Bedeutung. Lebensstile symbolisieren soziale Zugehörigkeiten und Identifikationen, deshalb werden soziale Netze und Freundschaften, sowie Beziehungen oft über Lebensstilmerkmale geknüpft. Armut bedeutet dementsprechend einen Ausschluss vom gesellschaftlich durchschnittlichen Konsum und somit eine Einschränkung von Wahlfreiheit.[53]

Lebensstile implizieren, vor allem im Plural gesprochen, eine gewisse Freiwilligkeit und Wahlfreiheit. Sie definieren sich durch einen spezifischen Charakter, durch Eigenarten und folgen typischen Mustern, wodurch sie unverwechselbar werden.[54] Es scheint deshalb nicht sinnvoll davon auszugehen, dass Lebensstile soziale Ungleichheit fördern oder gar verursachen könnten. Allerdings wird auch deutlich, dass die Verteilung von Stilisierungschancen von dem Werte- und Normensystem und dem materiellen Wohlstand einer Gesellschaft abhängig sind. Je mehr soziale und ökonomische Freiheiten man dementsprechend hat, desto mehr Wahlfreiheit besteht zwischen verschiedenen Lebensstilen und desto mehr Lebensstile und Lebensziele stehen hypothetisch zur Auswahl.[55] Dies kann, als Konsequenz, ökonomisch und sozial schwächere Mitglieder einer Gesellschaft von bestimmten Lebensstilen ausschließen und deren Wahlfreiheit enorm einschränken, weshalb eine ungleiche Verteilung von Lebensstilen erkennbar ist.

Auch die Neigung von sozialen Gruppen zur Stilisierung ist ungleich verteilt. Demnach haben die oberen Schichten der Gesellschaft keinen Anlass dazu, sich nach unten abzugrenzen und keine Möglichkeit, sich nach oben zu orientieren, weshalb sie so sein können, wie sie sind. Unterdessen verfügen untere Gesellschaftsschichten nicht über das ökonomische und soziale Kapital, um sich anders zu stilisieren und nach oben zu orientieren, weshalb sie so sein müssen, wie sie sind. Dementsprechend ist die Stilisierung ein Phänomen der Mittelschichten, da diese sich nach oben orientieren können und wollen, um sich nach unten abzugrenzen. Auch Demographie hat darauf einen Einfluss, da Jugend und Postadoleszenz mehr Freiräume bieten, als das Alter.[56]

Somit können neue, urbane Lebensstile als eine Ausdrucksform sozialer Ungleichheit verstanden werden, da nur für bestimmte gesellschaftliche Gruppen tatsächlich Wahlfreiheit der Stilisierung vorherrscht. Die Verkörperung eines Lebensstils nach außen entscheidet schlussendlich maßgeblich über den Konsum

---

[53] Vgl.: Spellerberg 2004, S. 111–115.

[54] Vgl.: Müller 2009, S. 333–334.

[55] Vgl.: Müller 2009, S. 333–334.

[56] Vgl.: Müller 2009, S. 333–334.

von Individuen. Da Wohnraum in der Gegenwart auch als Ware betrachtet wird, kann die Vorliebe von Wohnungsart, -größe und -lage eines Individuums entsprechend seinem Lebensstil zugeordnet werden. Dies fördert eine selektive Zu- und Abwanderung in und aus Quartieren der Stadt.[57]

Wegen des Wandels der Lebensstile gibt es eine Zunahme an Personen mit positiven Einstellungen zum Wohnen in der Innenstadt. Zudem wird Selbstverwirklichung für Menschen immer wichtiger, was sich unter anderem in der Nachfrage nach Wohnraum und dessen Betrachtung als Konsumgut äußert.[58] Die ohnehin starke Polarisierung der städtischen Bevölkerung, die sich durch das Auseinanderentwickeln von Einkommen und Arbeitsplatzsicherheit ergibt, wird durch die ökonomische Schichtung von Lebensstilen und ihren Vorlieben dementsprechend weiter verschärft.[59]

Armut und Lebensstil stehen sich wegen fehlender (finanzieller) Ressourcen und erzwungener Lebensführung gegenüber, denn je nach Einkommen, Bildung und Beziehungen werden verschiedene Lebensstile ermöglicht und verfolgt. Soziale Ungleichheit ist durch Lebensstile im Alltag deutlich wahrnehmbarer geworden, Hierarchien sind durch kulturellen Ein- oder Ausschluss markiert, anstatt durch einfache ökonomische Schichtung der Gesellschaft.[60] Durch die Verkörperung der Lebensstile nach außen mit der Hilfe von Statussymbolen werden auch Feindbilder geschaffen, wodurch es zum Beispiel in Berlin wiederholt zu Brandanschlägen auf Luxus-Autos kam.[61]

Lebensstile, so lässt sich zusammenfassend sagen, verursachen und fördern nicht die soziale Ungleichheit, sondern sind Ausdrucksform dieser. Sie werden durch die Verkörperung nach außen mit Hilfe von Statussymbolen deutlich sichtbar. Somit wird soziale Ungleichheit in der Stadt deutlicher wahrgenommen als früher. Die speziellen Vorlieben und Geschmäcker, welche einigen urbanen Lebensstilen zugeschrieben werden, verursachen einen Anstieg der Nachfrage nach innenstadtnahem Wohnraum.

---

57 Vgl.: Spellerberg 2004, S. 111–115.

58 Vgl.: Dangschat 1988, S. 284–285.

59 Vgl.: Dangschat 2000, S. 148.

60 Vgl.: Spellerberg 2004, S. 111–115.

61 Vgl.: Kraetzer, Ulrich – Auto-Brände: 408 Autos wurden 2014 durch Brandstifter beschädigt, online verfügbar unter: http://www.morgenpost.de/berlin/article137058164/408-Autos-wurden-2014-durch-Brandstifter-beschaedigt.html, letzter Stand: 07.06.2016.

Da Lebensstile gleichzeitig ein Phänomen von Mittelschichten sind und untere Schichten sich diese nicht leisten können, werden sie durch die größere Kapitalkraft der Mittelschicht verdrängt. Dadurch kommt es zu selektiven Zu- und Abwanderungen in und aus Quartieren.

1.5 Segregation als Folge sozialer Ungleichheit

Eine der häufigsten und gleichzeitig schwerwiegendsten Folgen sozialer Ungleichheit in Städten ist die sogenannte Segregation, was die ungleiche Verteilung von Wohnstandorten sozialer Gruppen innerhalb einer Stadt bezeichnet. Hierbei sind für die Stadtsoziologie die Erforschung des Ausmaßes der Segregation, sowie die Konsequenzen dieser, entscheidend. Bei einer besonders stark ausgeprägten Segregation in einer Stadt kann es zu lokalen Konzentrationen benachteiligter Bevölkerungsgruppen, zum Beispiel von Arbeitslosen und Ausländern, kommen. Dies gilt es möglichst zu verhindern.[62] Bei einer Ansammlung von finanziell Benachteiligten in einem Gebiet der Stadt wird in der Stadtsoziologie immer von einem Problem ausgegangen.[63]

Bilden sich innerhalb einer Stadt bestimmte Quartiere, welche eine homogene Bewohnerschaft von Benachteiligten mit insgesamt ähnlichen Sozialstrukturen aufweisen, kann dies in besonders starken Ausprägungen dazu führen, dass allein die Herkunft aus einem benachteiligten Quartier benachteiligend wirkt. Es entsteht also ein benachteiligendes Quartier. Die Herkunft aus einem solchen Gebiet kann für junge Menschen somit lebensentscheidend und sinnstiftend sein, muss es allerdings nicht.[64] Allgemein wirkt die lokale Ansammlung von Benachteiligten verstärkend auf die Benachteiligung. Damit es dazu kommen kann, muss sich die Bewohnerschaft des benachteiligenden Quartiers sehr stark von den Bewohnern anderer Quartiere der Stadt unterscheiden.[65]

Selbstverständlich hat soziale Ungleichheit nicht nur Auswirkungen auf einer gesamtstädtischen Ebene. Ausgehend von einer bereits bestehenden Benachteiligung in einer Familie ist die Wahrscheinlichkeit einer Verbesserung der Situation für die nächste Generation eher gering. So ist besonders in Deutschland zu beobachten, dass es große Bildungsungleichheiten aufgrund sozialer Herkunft gibt,

---

62 Vgl.: Gestring; Janßen 2002, S. 147.

63 Vgl.: Löw; Steets; Stoetzer 2008, S. 39.

64 Vgl.: Löw; Steets; Stoetzer 2008, S. 39.

65 Vgl.: Gestring; Janßen 2002, S. 147.

wobei besonders die finanzielle Situation der Eltern als ausschlaggebend angesehen werden kann. Dies festigt, beziehungsweise verstärkt, die soziale Ungleichheit und somit die Segregation in der Stadt zusätzlich.[66]

Kommt es zu solchen Ausdrucksformen sozialer Ungleichheit ist davon auszugehen, dass die normalerweise vorhandene integrative Kraft einer Stadt nicht ausreichend funktioniert, was in einer zunehmenden Ausgrenzung von Migranten münden kann, welche dann unter den gleichen Problemen leiden wie andere Benachteiligte. So kann selbst ein finanziell gut situierter Migrant benachteiligt behandelt werden. Generell als von Segregation und Wohnungsnot gefährdet betrachtet werden die sogenannten ‚A'-Gruppen: Arbeitslose, Alte, Alleinerziehende und Ausländer, aber auch Haushalte mit vielen Kindern.[67]

Für manche Bewohner einer Stadt kann die Homogenisierung von Wohngebieten jedoch auch erstrebenswert sein. Voraussetzung dafür ist, dass die Heterogenität in einem benachteiligten Quartier als störend und gefährlich empfunden wird, da sie auch soziale Probleme wie Gewalt, Kriminalität und Drogenmissbrauch in das nähere Wohnumfeld bringt. Dies wirkt sich zudem negativ auf das empfundene Stadtbild und den öffentlichen Raum aus. Vor allem, wenn Bewohner das Gefühl haben als eine ‚stabile Bevölkerungsgruppe' in der Minderheit zu sein, werden diese einen Umzug anstreben.[68]

Entscheidend hierfür ist die Wahrnehmung der jeweiligen Personen, welche je nach Bildung, Schichtzugehörigkeit und Lebensstil anders sein kann. Sie umfasst die subjektive Situation der Bewohner sowie die objektive Situation und Sicherheit im Stadtteil. Deshalb ist für einige Personen die Flucht vor dem heterogenen Wohnquartier eine Alternative und ein homogenes, dafür allerdings segregiertes Wohnumfeld erstrebenswert. Dies verschärft jedoch die Situation in dem ohnehin als problematisch geltenden heterogenen Gebiet weiter, bis es schließlich zu einem homogenen Gebiet Benachteiligter wird.[69]

In Berlin sind drei Phasen von Segregationsentwicklungen bis zum Jahr 1989 identifizierbar. Die erste Phase begann in der sogenannten Gründerzeit, also in der zweiten Hälfte des 19. Jahrhunderts und hielt bis zum Ende der 1930er Jahre an. Zuerst gab es demnach eine kleinräumige Segregation, also eine Aufteilung der Bevölkerung innerhalb eines Wohnblocks nach Vorder- und Hinterhaus.

---

66 Vgl.: Berger; Hank; Tölke 2011, S. 238–239.

67 Vgl.: Häußermann; Siebel 2000a, S. 128.

68 Vgl.: Häußermann; Kapphan 2002, S. 228–229.

69 Vgl.: Häußermann; Kapphan 2002, S. 228–229.

Diese wurde im Laufe der Zeit durch eine großräumige Segregation nach Stadtteilen abgelöst. Die zweite Phase begann mit dem Ende des Zweiten Weltkriegs und hielt im Westteil Berlins bis in die Mitte der 1970er Jahre an, im Ostteil der Stadt bis 1989. In dieser Zeit gab es, durch die Zerstörungen des Krieges und die danach entstandene Lückenbebauung, eine relativ starke soziale Durchmischung der meisten Wohngebiete. Lediglich die neu entstandenen Neubau-Großsiedlungen galten als umso homogener, je später sie entstanden. Die dritte Phase der Segregation in Berlin begann im Westteil der Stadt in der Mitte der 1970er Jahre, im Ostteil nach der Wiedervereinigung ab 1990. Es war erneut eine zunehmende Segregation zu beobachten, was vor allem mit der Überführung vieler Wohnungen auf den freien Immobilienmarkt und einer Steigerung der Attraktivität der Innenstadt erklärt werden kann. In dieser Zeit wurden auch Altbauten wieder attraktiv, vor allem für Junge Bewohner, die diese in Wohngemeinschaften bewohnten. Währenddessen wurden die Großsiedlungen am Rand der Stadt zu sozialen Brennpunkten.[70]

Ein weiterer Ausdruck sozialer Ungleichheit in Städten ist die Verdrängung, welche vor allem in Debatten um Gentrifizierung eine große Rolle spielt, da bei diesem Phänomen auch eigentlich nicht benachteiligte Individuen aus ihrem lokalen Umfeld oder aus ihrem Lebensstil verdrängt werden. Dadurch werden noch mehr Mitglieder der Gesellschaft betroffen.

1.6 Verdrängung in Großstädten

Da sich diese Arbeit vornehmlich mit Gentrifizierung in innenstadtnahen Gebieten von Berlin beschäftigt, muss deutlich werden, was dieses Phänomen von anderen Phänomenen der sozialen Ungleichheit, wie der Segregation, abgrenzt. Ausschlaggebend für die Unterscheidung ist dabei der Faktor Verdrängung, denn: „Verdrängung ist das Wesen der *Gentrification*, ihr Ziel, nicht ein unerwünschter Nebeneffekt.“[71]

Verdrängung kann im Zusammenhang mit Gentrifizierung allerdings schwer definiert und noch schwerer nachgewiesen werden. Allgemein kann von einer Unfreiwilligkeit bei einem Umzug von Verdrängung gesprochen werden, oft sind die individuellen Gründe für Umzüge jedoch sehr vielschichtig. Bei Befragungen von Bewohnern zur Verdrängung in Sanierungsgebieten wurde unter anderem festge-

---

[70] Vgl.: Bouali; Gude 2014, S. 31–35.

[71] Marcuse, zitiert in: Holm 2013, S. 7.

stellt, dass sich nur circa 15 Prozent der (ehemaligen) Bewohner verdrängt fühlten. Dies wurde allerdings auch darauf zurückgeführt, dass viele Mieter mehr oder weniger freiwillig auszogen, um bauliche und rechtliche Unannehmlichkeiten zu vermeiden. Inwieweit bei einem freiwilligen Auszug nach der Ankündigung von Baumaßnahmen von Verdrängung gesprochen werden kann ist strittig.[72]

Peter Marcuse hat aus seinen Untersuchungen über New York Formen von direkter und indirekter Verdrängung ableiten können, welche verschiedene Faktoren einbeziehen. Dabei ist physische Verdrängung eine direkte Verdrängung durch massiven Umbau, Abriss und Neubau und Formen von Gewaltausübung oder -androhung durch Eigentümer oder Investoren. Ökonomische Verdrängung äußert sich dagegen durch steigende Wohnungskosten, welche vor allen für finanziell schwache Haushalte nicht zu bewältigen sind. Diese Formen wirken direkt auf einen Bewohnerwechsel hin.[73] Als indirekt bezeichnet Marcuse dagegen solche Nachbarschaftseffekte, die den Zuzug statushöherer Gruppen begünstigen. Dies fasst er unter kulturellem Verdrängungsdruck zusammen. Dieser fördert den Entschluss der Altmieter zum Auszug, beispielsweise durch fehlende soziale Bindungen im Quartier, Veränderungen der Strukturen und generelle Entfremdung.[74] Der weitestgehende Ansatz ist laut Marcuse die ausschließende Verdrängung, von der gesprochen werden kann, „[...] wenn eine Wohnung nach dem (möglicherweise auch freiwilligen) Auszug eines Haushalts so aufgewertet wird, dass ein Haushalt mit vergleichbarer Sozialstruktur nicht wieder einziehen kann und sich die Gesamtzahl an preiswerten Wohnungen für diese Haushalte reduzieren.“[75] Kurz gefasst ist dies die „Konstitution von exklusiven Räumen, die vor allem für ökonomisch benachteiligte Gruppen dauerhaft verschlossen bleiben.“[76] Als Beispiel hierfür dienen Hartz-IV-Haushalte, die durch enge behördliche Vorgaben zur Wohnungskostenübernahme keine Wohnungsangebote in modernisierten Altbauten mehr finden können, welche in ihren finanziellen Rahmen passen.

Die Sanierung eines Wohnhauses kann deshalb auf direkte und indirekte Weise zur Verdrängung seiner bisherigen Bewohner führen. Einerseits steigen die Mietpreise oft beachtlich an, andererseits werden die Mieter auch von Investoren unter Druck gesetzt, was sie direkt verdrängt. Diese Druckmittel umfassen finanzielle Angebote wie Einmalzahlungen, aber auch Ankündigung von Mieterhöhungen,

---

72 Vgl.: Häußermann; Kapphan 2002, S. 191–194.

73 Vgl.: Holm 2013, S. 60–61.

74 Vgl.: Holm 2013, S. 61.

75 Holm 2013, S. 61.

76 Holm 2013, S. 62.

Eigenbedarfskündigungen oder unangekündigte bauliche Maßnahmen.[77] So wurde beispielsweise das Küchenfenster einer Mieterin in Berlin Moabit, die sich weigerte aus ihrer Wohnung auszuziehen, ohne vorherige Ankündigung zugemauert, angeblich als Teil einer Sanierung.[78] Weiterhin ändert sich die Sozialstruktur in betroffenen Gebieten über eine längere Zeit, was bedeutet, dass bestehende Netzwerke verloren gehen. Die bisherigen Bewohner fühlen sich womöglich als Folge fremd in ihrer eigenen Nachbarschaft und werden indirekt, beziehungsweise kulturell verdrängt.[79]

Verdrängung setzt des Weiteren voraus, dass verdrängte Haushalte an einem anderen Ort in der Stadt eine passende Wohnung zu einem entsprechenden Preis finden, wobei ein ähnliches Niveau wie vorher angestrebt wird. Personen mit sehr geringem Einkommen, die wegen steigender Mieten verdrängt werden, werden erst in letzter Konsequenz umziehen, also wenn es wegen Kündigung oder drastischer Mieterhöhung unausweichlich wird, oder wenn sie eine Verbesserung ihrer Wohnsituation erreichen können. Die Chancen dieser Personen auf eine andere Wohnung in der Stadt sind dabei wegen ihrer geringen Durchsetzungskraft auf dem Wohnungsmarkt schlecht. Demzufolge kann es durch Gentrifizierung auch zu einer deutlichen Verschlechterung der Wohnsituation für Alteingesessene kommen, ohne dass eine tatsächliche Verdrängung aus der Wohnung stattfindet, wodurch Verdrängung nicht mehr zu einem rein geographischen Phänomen wird.[80] Findet nämlich ein Haushalt keine andere günstigere oder gleichwertige Wohnung, muss er höhere Mietkosten in Kauf nehmen. Da das Einkommen des Haushaltes nicht steigt, muss dieser Abstriche im bisherigen Lebensstil machen, also zum Beispiel auf Urlaubsreisen verzichten. Dies wird als Verdrängung aus dem Lebensstandard bezeichnet.[81] Wird ein Bewohner geographisch verdrängt, muss er womöglich in ein benachteiligtes Quartier ziehen. Verdrängung ist schwer greifbar, kann jedoch als schwerwiegende Form sozialer Ungleichheit verstanden werden, da mit ihr oft ein (zumindest subjektiv gefühlter) sozialer Abstieg einhergeht.[82]

---

77 Vgl.: Blasius 2004, S. 36–37.

78 Vgl.: Holm 2014, S. 64–65.

79 Vgl.: Häußermann; Kapphan 2002, S. 191–194.

80 Vgl.: Blasius 1993, S. 43.

81 Vgl.: Blasius 2004, S. 23.

82 Vgl.: Holm 2013, S. 63–64.

Da das Wohnen in innenstadtnahen Gebieten eine Vorliebe ist, die sich in vielen Lebensstilen finden lässt, zeigt dies, dass Verdrängung eine Ungleichheit zwischen diesen Lebensstilen fördert. So können Personen, die über ein größeres ökonomisches Kapital verfügen, ihren Wohnraum in der Stadt frei auswählen, während ärmeren Personen die Wahlfreiheit quasi entzogen wird. Sie müssen entweder die freie Wahl des Wohnraums aufgeben, da sie ihn sich nicht mehr leisten können, oder die freie Wahl ihres bevorzugten Lebensstils, den sie anpassen müssen, um weiterhin die Wohnung zahlen zu können. Verdrängung wird deshalb auch als die soziale Dimension der Gentrifizierung verstanden.[83]

Um Verdrängung in einem Untersuchungsgebiet zu messen, kommen zwei Möglichkeiten in Frage: Die Befragung der Bewohner von Sanierungsgebieten, welche, wie bereits beschrieben, Subjektivität und Ungenauigkeiten unterliegt, oder die Auswertung von Statistiken zu Umzügen, sowie die Erfassung der Veränderung der Sozialstruktur anhand von Indikatoren, wie Einkommen und Bildung. Wird ein Gebäude aufgewertet und teurer neu vermietet, ist in der Folge davon auszugehen, dass die neuen Bewohner einen höheren ökonomischen und sozialen Status haben.[84] Es kommt also, neben einer Aufwertung der Gebäude und Infrastruktur, zu einer Aufwertung der Bewohnerschaft nach sozio-demographischen Merkmalen. Verdrängung ist allerdings in den verschiedenen Gentrification-Modellen und Theorien nicht international übertragbar, da es in jedem Land sehr unterschiedliche Milieu- und Mieterschutzgesetze gibt. Dies bewirkt, dass eine Verdrängung sehr viel schneller und öfter in den USA vorkommen kann als in Deutschland, was Vergleiche zwischen zwei Staaten stark erschwert.[85]

1.7 Zwischenfazit

Durch die einführenden Betrachtungen dieses Kapitels konnte das Phänomen der Gentrifizierung in einen größeren Kontext gesetzt werden. Dabei wird kein Anspruch auf Vollständigkeit erhoben, vielmehr soll die Problematik der Gentrifizierung durch die Einbettung in die Phänomene der sozialen Ungleichheit und der Segregation in Großstädten greifbarer werden, da dieses Thema oft als abstrakt empfunden wird. Einerseits wurde durch eine Beschreibung und Definition von Städten, sowie der Vorstellung von zwei bedeutsamen Stadtmodellen und die Ein-

83 Vgl.: Blasius 1993, S. 28.
84 Vgl.: Holm 2013, S. 63–64.
85 Vgl.: Blasius 2004, S. 23.

ordnung der zu untersuchenden Stadt Berlin in diese Modelle die Grundlage geschaffen, Städte als Spiegel der Gesellschaft zu verstehen. Andererseits wurden Großstädte als heterogene Orte identifiziert, welche soziale Ungleichheit voraussetzen und fördern, in denen diese jedoch auch Formen annehmen kann, die der Gesellschaft schaden.

Im nächsten Schritt wurde soziale Ungleichheit beschrieben und definiert, sowie abgegrenzt von einer subjektiv empfundenen Ungerechtigkeit. Deutlich wurde dabei, dass soziale Ungleichheit viele Formen annehmen kann und bei fehlender Chancengleichheit benachteiligend wirkt. Besonders die Tatsache, dass Bildung und Einkommen zusammenhängen, auch in einer Folgegeneration, lässt auf eine Verfestigung sozialer Ungleichheit in Städten schließen. Auch der Ausdruck sozialer Ungleichheit in Form des Wohnens wurde erläutert. Letzterer kann wiederum zurückgeführt werden auf unterschiedliche Vorlieben und Geschmäcker, welche Teil unterschiedlicher Lebensstile sind. Die Ausübung von Lebensstilen unterliegt zwar der Wahlfreiheit jedes Individuums, doch es wurde deutlich, dass auch genügend ökonomisches, kulturelles und soziales Kapital vorhanden sein müssen, um einen Lebensstil tatsächlich frei wählen zu können. Zudem konnten drei Funktionen von Lebensstilen identifiziert werden, die die Repräsentation des eigenen Seins durch die Ausübung und das zur Schau stellen von Vorlieben erklären können. In der Folge konnte ein Zusammenhang zwischen der Ausübung bestimmter Lebensstile und sozialer Ungleichheit identifiziert werden, da Formen von urbanen Lebensstilen, also des Lebens in Innenstädten, ein gewisses Kapital voraussetzen und so Personen mit anderen Lebensstilen und geringerem Kapital aus den innenstadtnahen Gebieten ausgeschlossen werden. In Folge der Ausübung von Lebensstilen kann es deshalb zu Verdrängungsprozessen kommen.

Ein weiterer Ausdruck sozialer Ungleichheit in Städten ist die Segregation, also die Aufteilung der Bevölkerung einer Stadt auf Wohnquartiere anhand ihres ökonomischen Kapitals und sozialen Status. Dies lässt homogene Strukturen in Städten entstehen, wodurch bestimmte Wohngebiete für einige Personenkreise verschlossen blieben. Gentrifizierung kann als ein Sonderfall von Segregation betrachtet werden. Zur Abgrenzung von Segregation und Gentrifizierung eignen sich zwei Merkmale: Die Aufwertung eines Gebiets und die Verdrängung der bisherigen Bevölkerung aus dem Gebiet. Verdrängung kann dabei direkt und indirekt auftreten. Wer genau unter welchen Umständen als verdrängt gilt, ist allerdings strittig. In dieser Arbeit soll von Verdrängung gesprochen werden, wenn Haushalte aus einem Quartier ausziehen müssen und in der Folge von Aufwertungen und Erhöhung von (Miet-)Preisen nicht mehr in der Lage sind, erneut in dieses Gebiet zu ziehen.

2 Gentrifizierung

2.1 Das Phänomen der Gentrifizierung

Gentrifizierung, oder Gentrification im Englischen, ist ein Phänomen, welches in der Stadtsoziologie seit den 1970er Jahren vermehrt auf Aufmerksamkeit stößt. Es handelt sich hierbei, kurz beschrieben, um die Verdrängung einer überwiegend ärmeren, statusniedrigen Bewohnerschaft durch neue Bewohner mit höherem Einkommen und Status aus einem innenstadtnahen Wohngebiet.[86] „Unter anderem hängt ‚Gentrification' zusammen mit der Wandlung des Arbeitsmarktes zum Dienstleistungs- und Wissensgewerbe, mit demographischen Veränderungen der Wohnbevölkerung, Kosten-Nutzen-Überlegungen der Eigentümer von Gebäuden in innenstadtnahen Teilgebieten, rechtlichen Rahmenbedingungen und in seiner sozialen Dimension mit der Verdrängung von Mietern."[87]

Die Wiederbelebung der Innenstädte stellte in der zweiten Hälfte des 20. Jahrhunderts ein wichtiges Ziel der Stadtpolitik dar, da die Städte unter der Abwanderung, vor allem durch Suburbanisierung und wegen der verfallenden Gebäudestruktur litten. Durch die Ausschreibung von Sanierungsgebieten und die Förderung von Infrastruktur sollten finanzstarke Familien aus dem Mittelstand in die Städte gelockt werden, um ein weiteres Absinken der Viertel zu verhindern und Einnahmen zu steigern. Gleichzeitig sollten so auch Firmen aus dem Dienstleistungssektor für den Standort Stadt geworben werden, um neue Arbeitsplätze zu schaffen. So sollte, neben den Steuereinnahmen, auch das Prestige der Stadt steigen. Die Förderung einer bestimmten Bewohnergruppe, der Mittelschicht, verursachte jedoch Ungleichheitsphänomene wie die Gentrifizierung.[88]

Gentrifizierung bestimmt in der Gegenwart die Debatten um die Entwicklung deutscher Innenstädte wie kaum ein anderes Phänomen, obwohl es sich hierbei, so könnte man argumentieren, lediglich um eine besonders schwerwiegende Form sozialer Ungleichheit und Segregation in Städten handelt. Der Gentrifizierung wird in den Medien eine enorm große Aufmerksamkeit gewidmet, die Internet-Suchplattform Google hält rund 279.000 Ergebnisse bei einer Suche nach Gentrifizierung bereit, bei einer Suche nach dem englischen Begriff Gentrification sind es sogar über 4 Millionen.[89]

86 Vgl.: Friedrichs 1995, S. 119–123.

87 Blasius 1993, S. 22.

88 Vgl.: Blasius 1933, S. 36–37.

89 Vgl.: Suche auf www.google.de am 06.06.2016.

Dabei besteht auch die Gefahr, dass der Gentrification-Begriff in Debatten zu stark ausgereizt und zu weit ausgelegt wird, wodurch die ursprüngliche Bedeutung des Phänomens verwässert und bald sämtliche für negativ befundene Entwicklungen in Großstädten auf dieses Phänomen zurückgeführt werden. Eine Verwechslung mit anderen Phänomenen der Stadtentwicklung, sowie mit einem gesamtstädtischen Fahrstuhleffekt scheint aufgrund der Popularität des Begriffs Gentrifizierung deshalb durchaus möglich. Auch eine Emotionalisierung der Auseinandersetzung mit diesem Thema ist zu beobachten und lässt sich an Buchtiteln wie „Mieten Wahnsinn“[90] oder „Wir bleiben alle!“[91] erkennen.

Es erscheint notwendig, Gentrifizierungstendenzen eindeutig von anderen Entwicklungen in Städten abzugrenzen und zu identifizieren, damit eine geordnete Debatte um die Zukunft der deutschen Innenstädte möglich wird. Dies ist besonders wichtig für Stadt- und Ortsteile, in denen in Zukunft eine Gentrifizierung erwartet wird, wie beispielsweise in Berlin Wedding und Moabit.

2.1.1 Der Gentrification-Begriff

Der Begriff der Gentrification wurde erstmalig von der englischen Geographin und Soziologin Ruth Glass benutzt, welche ihn im Jahr 1964 verwendete[92], um die Entwicklungen im Londoner Stadtteil Islington, einem innenstadtnahen Wohngebiet, zu beschreiben.[93] Nach baulichen Veränderungen im Gebiet, welche in eine Aufwertung dieses Gebiets resultierten, konnte sie feststellen, dass die ehemals dort lebenden Arbeiter schrittweise von Familien des Mittelstands verdrängt wurden. In dem einstigen Arbeiterviertel fand nach einer Aufwertung ein Bevölkerungsaustausch zugunsten einer statushöheren Bewohnerschaft statt.[94] Gentrification leite sich dabei vom englischen Wort gentry ab, welches „den niederen Landadel in England des 18. und 19. Jahrhundert bezeichnet [...].“[95]

Der Begriff Gentrification konnte sich in der Forschung allerdings nur langsam durchsetzen, da er als zu sehr auf englische Verhältnisse zugeschnitten galt. Erst gegen Ende der 1980er Jahre wurde dieser Begriff weitläufig verwendet, so auch in Deutschland, wo er von Soziologen wie Jörg Blasius, Jürgen Friedrichs und

---

90 Holm 2014.

91 Holm 2013.

92 Vgl.: Friedrichs 1995, S. 119–123.

93 Vgl.: Bröcker 2013, S. 16.

94 Vgl.: Friedrichs 1995, S. 119–123.

95 Bröcker 2013, S. 17.

Jens Dangschat aufgegriffen wurde.[96] Gentrifizierung entstand als deutscher Begriff und wird synonym verwendet.

Eine Gleichsetzung von Gentrifizierung und Yuppisierung sei in der Forschung ebenfalls anzutreffen, sollte allerdings vermieden werden, da der Begriff Yuppie (Young Urban Professional) für eine sachliche Debatte zu emotional geladen wirkt. Auch sollte der Gentrifizierungsprozess eindeutig von gewöhnlichen Prozessen der Aufwertung abgegrenzt werden, was in der Forschung teilweise nicht ausreichend geschieht.[97] In dieser Arbeit soll deshalb versucht werden, eine klare Abgrenzung zu finden. Die Popularität von Gentrifizierung in der Forschung hat in den letzten Jahren zugenommen, ebenso wie im öffentlichen Diskurs, was zu einer großen Bandbreite von Begrifflichkeiten und Definitionen geführt hat. Durch die teils stark unterschiedlichen Ausprägungen, die dieses Phänomen in verschiedenen Städten annehmen kann, ist auch in Zukunft nicht mit einer Vereinheitlichung von Begriffen und Auffassungen zu rechnen. Auch deshalb ist Gentrifizierung als ein chaotisches Konzept zu verstehen.[98]

Durch die erweiterte Auslegung des Gentrification-Begriffs sind auch neue Forschungsansätze und -konzepte entstanden, wie beispielsweise die Studentification, Touristification, New-Build-Gentrification, Super- bzw. Hyper-Gentrification und Mietgentrifizierung, auf die genauer in Kapitel 2.2.1 eingegangen wird. Erweiterte Begriffsfassungen schlagen zudem vor Gentrification auf alle Urbanisierungstendenzen auszweiten, was die Unübersichtlichkeit in der Forschung jedoch noch drastisch steigern würde.[99]

2.1.2 Definitionen

Da Gentrifizierung sehr unterschiedliche Ursachen, Verläufe und Auswirkungen aufweisen kann, was auch mit der Unterschiedlichkeit der Städte zusammenhängt, wo dieses Phänomen auftritt, herrscht auch über die genaue Definition des Begriffs Uneinigkeit.[100] Ruth Glass, die den Begriff erstmalig verwendete, definierte diesen nicht, sondern beschrieb das Phänomen lediglich wie folgt:

> „One by one, many of the working class quarters of London have been invaded by the middle-class-upper, and lower shabby modest mews and

96 Vgl.: Bröcker 2013, S. 26–27.

97 Vgl.: Bröcker 2013, S. 17.

98 Vgl.: Blasius 1993, S. 229; Bröcker 2013, S. 16.

99 Vgl.: Bröcker 2013, S. 23–24.

100 Vgl.: Bröcker 2013, S. 16, 30.

> cottages [...] have been taken over [...] and have become elegant, expensive residences. Larger Victorian houses, downgraded in earlier or recent period [...] have been upgraded once again. [...] Once this process of ‚gentrification' starts in a district it goes on rapidly until all or most of the original working class occupiers are displaced and the whole social character of the district is changed."[101]

Bei dem von ihr geprägten Begriff der Gentrification handelt es sich also um eine Invasion der oberen Mittelklassen, welche heruntergekommene, viktorianische Häuser in Arbeiterquartieren übernehmen und diese in luxuriöse Anwesen umwandeln. Der Prozess der Gentrifizierung vollzieht sich dabei schnell, bis die bisherigen Bewohner des Gebiets zum Großteil aus diesem verdrängt wurden und sich der Charakter des Quartiers grundlegend ändert.[102]

Bei der Betrachtung der einschlägigsten Definitionen der letzten Jahre fällt auf, dass die Inhalte dieser sich mit der Beschreibung des Phänomens von Glass in gewissen Teilen decken. Gentrifizierung tritt erneut als chaotisches Konzept auf, was die Menge und Vielfältigkeit von Definitionen angeht.[103] Generell lassen sich Definitionen zwischen den Polen solitärer und holistischer Ansätze einordnen.[104]

Solitäre Definitionen beinhalten nur ein oder wenige Merkmale. Durch ihre fehlende Genauigkeit sind sie generalisierbar und auf viele verschiedene Gentrifizierungsverläufe anwendbar. Zudem sind sie mit anderen Theorien der Stadtsoziologie besser vereinbar und setzen keine zu engen Grenzen für die Forschung.[105] Das Merkmal, welches bei solitären Definitionen zumeist im Vordergrund steht, ist die Verdrängung der bisherigen Bewohner eines Gebiets durch eine neue Gruppe. „Verdrängung ist das Wesen der *Gentrification*, ihr Ziel, nicht ein unerwünschter Nebeneffekt."[106] Es gibt jedoch auch solitäre Ansätze, die sich auf andere Merkmale konzentrieren.

Jürgen Friedrichs, einer der Begründer der deutschen Gentrification-Forschung, definierte Gentrifizierung zunächst so:

---

101 Glass, zitiert in: Krajewski 2006, S. 36.

102 Vgl.: Diller 2014, S. 15–16.

103 Vgl.: Stark 1997, S. 19.

104 Vgl.: Diller 2014, S. 15.

105 Vgl.: Friedrichs 1996, S. 14–15.

106 Marcuse, zitiert in: Holm 2013, S. 7.

„Gentrification ist der Austausch einer statusniedrigen Bevölkerung durch eine statushöhere Bevölkerung in einem Wohngebiet.“[107]

Friedrichs stellt bei seiner Definition die soziale Aufwertung in den Vordergrund und betont, dass es sich um ein Wohngebiet handeln muss, wodurch er Gentrifizierung von anderen Aufwertungsprozessen in Städten abgrenzen möchte.[108] Allerdings besteht die Gefahr, dass auch andere Prozesse des Wandels durch diese Definition erklärbar sind, beispielsweise kann eine erhöhte Mobilität in einem Wohnquartier nach dieser Definition als Gentrifizierung gelten. Dadurch wird eine eindeutige Beschreibung von Gentrifizierung weiter erschwert.[109] Die Konzentration auf nur ein Merkmal macht solitäre Definitionen zu ungenau, um Gentrifizierung von anderen Phänomen abzugrenzen. Eine genauere Ausdifferenzierung und die Einbeziehung weiterer Merkmale kann allerdings die bereits genannten Vorteile solitärer Ansätze fördern.

Eine in der Forschung weit verbreitete und umfassende, aber trotzdem kurze Definition, wurde von Kennedy und Leonard aufgestellt.

„Gentrification ist ein Prozess, in dessen Verlauf Haushalte mit höherem Einkommen Haushalte mit geringem Einkommen aus einem Wohnviertel verdrängen und dabei den grundsätzlichen Charakter und das Flair der Nachbarschaft verändern.“[110]

Bei dieser Definition steht das Merkmal der Verdrängung im Vordergrund, auch der Charakter eines Quartiers wird angesprochen. Somit greift diese Definition weitgehend die von Glass genannten Merkmale auf und erweitert sie zusätzlich um das Flair der Nachbarschaft. Die Bedeutung von weichen Standortfaktoren wie Image und Flair eines Gebietes wurde in der Forschung in den vergangenen Jahren größer. Weiterhin ist das entscheidende Kriterium für Verdrängungsprozesse in dieser Definition das Einkommen der Haushalte, wodurch Kennedy und Leonard sowohl soziologische, als auch ökonomische Aspekte einbeziehen.[111]

Helbrecht bietet einen weiteren solitären Definitionsansatz, welcher einerseits das Merkmal der Verdrängung, andererseits bauliche Aufwertungen in einem Stadtteil einbezieht:

---

107 Friedrichs 1996, S. 14.

108 Vgl.: Diller 2014, S. 15–16.

109 Vgl.: Krajewski 2006, S. 37.

110 Kennedy; Leonard, zitiert in: Diller 2014, S. 16.

111 Vgl.: Diller 2014, S. 16.

„Unter Gentrification versteht man einen stadtteilbezogenen Aufwertungsprozeß [sic!], der auf der Verdrängung unterer Einkommensgruppen durch den Zuzug wohlhabenderer Schichten basiert und zu Qualitätsverbesserungen im Gebäudebestand führt.“[112]

Diese Definition stellt sich der Behauptung Marcuses entgegen, dass die Verdrängung das Wesen der Gentrification sei und nicht ein Mittel zum Zweck. Es scheint jedoch nicht sinnvoll, Verdrängung als einziges Ziel des Gentrifizierungsprozesses zu sehen, vielmehr sollte von einer Multikausalität und somit auch von multiplen Auswirkungen ausgegangen werden.[113]

Einen fast ausschließlich ökonomischen Definitionsansatz liefert dagegen Smith:

„Gentrification ist der Prozeß [sic!], in dessen Verlauf zuvor verwahrloste und verfallene innerstädtische Arbeiterviertel für Wohn- und Freizeitnutzungen der Mittelklasse systematisch saniert und renoviert werden.“[114]

Dieser Ansatz stellt die Wichtigkeit einer vorherigen Desinvestitionsphase in einem Gebiet heraus, ohne die die anschließenden Aufwertungen nicht möglich sind. Soziologische Faktoren bezieht Smith kaum ein, lediglich die spätere Dominanz der Mittelklasse wird erwähnt.

In einem kurzen Artikel über Gentrifizierung beschrieb Breckner das Phänomen wie folgt:

„In der sozialwissenschaftlichen Fachwelt versteht man unter Gentrifizierung eine allmählich, durch Erneuerungsmaßnahmen und/oder Eigentümerwechsel entstehende Dominanz einkommensstarker Haushalte in attraktiven urbanen Wohnlagen zu Lasten von weniger verdienenden Bevölkerungsgruppen. Solche Prozesse verlaufen in ihrer Anfangsphase wie im Stadium ihrer Vollendung selten konfliktfrei.“[115]

Sie beschreibt Gentrifizierung dabei als eine Folge der Erneuerung von Wohnsubstanz in einem Quartier, wobei ärmere Haushalte im Nachteil sind, also ver-

---

112 Helbrecht, zitiert in: Krajewski 2006, S. 38.

113 Vgl.: Krajewski 2006, S. 38.

114 Smith, zitiert in: Stark 1997, S. 20.

115 Breckner 2010, S. 27.

drängt werden. Bei dieser Definition steht die bauliche Aufwertung im Vordergrund. Interessant ist diese Definition aber vor allem durch die Einbeziehung des großen Konfliktpotenzials, welches Gentrifizierung in sich trägt. Bewohnergruppen stünden sich bei Gentrifizierungsprozessen als Konkurrenten um Wohnraum innerhalb eines Quartiers gegenüber.

Den bisherigen, eher solitären Ansätzen, steht eine der wohl umfassendsten und auch am häufigsten zitierten holistischen Definitionen der Gentrification-Forschung gegenüber. Kaum ein Werk, das sich mit Gentrifizierung befasst, erwähnt nicht diese bereits 1984 von Hamnett verfasste Definition:

> „[Gentrification is] simultaneously a physical, economic, social and cultural phenomenon. Gentrification commonly involves the invasion by middle-class or higher-income groups of previously working-class neighborhoods or multi-occupied ‚twilight areas' and the replacement or displacement of many of the original occupants. It involves the physical renovation or rehabilitation of what was frequently a highly deteriorated housing stock and its upgrading to meet the requirements of its new owners. In the process, housing in the areas affected, both renovated and unrenovated, undergoes a significant price appreciation. Such a process of neighborhood transition commonly involves a degree of tenure transformation from renting to owning."[116]

Hamnetts Definition umfasst vier Dimensionen von Aufwertungen: Physische, also bauliche, ökonomische, soziale und kulturelle Aufwertung. Weiterhin orientiert er sich beim Ablauf des Prozesses stark an der Beschreibung von Glass. Nach einer Verbesserung der Wohnsubstanz gibt es, laut Hamnett, einen deutlichen Preisanstieg. Er stellt zudem die Hypothese auf, dass diese Transformationsprozesse auch die Umwandlung von Miet- in Eigentumswohnungen beinhalten. Jürgen Friedrichs nahm diese holistische Definition als Anlass für seine vereinfachte Definition. Hamnetts Ansatz sei zu genau, um auf alle möglichen Verläufe von Gentrifizierung zuzutreffen, die Definition sei somit auf einige Fälle nicht anwendbar.[117] Die Abgrenzung zu anderen Phänomenen des innerstädtischen Wan-

[116] Hamnett, zitiert in: Krajewski 2006, S. 37; Bröcker 2013, S. 18.

[117] Vgl.: Friedrichs 1996, S. 14.

dels sei zwar gut gelungen, durch die Aufstellung einer Hypothese in der Definition habe diese jedoch, so Friedrichs, ihre Gültigkeit verloren. Es ließe sich aufgrund ihres großen Umfangs zudem nicht mit ihr arbeiten.[118]

Aufgrund der bereits sehr hohen Zahl an Definitionen in der Forschung soll in dieser Arbeit nicht versucht werden, einen neuen Ansatz zu finden. Gleichzeitig ist der Bezug auf nur eine Definition unter Umständen zu eingeschränkt für verschiedene Gentrifizierungsverläufe. Stattdessen sollen an dieser Stelle zusammenfassend die Merkmale genannt werden, welche in den vorgestellten Definitionen wiederkehrend verwendet werden:

- Die Verdrängung der bisherigen Bevölkerung
- Die Aufwertung der Bausubstanz
- Die Umwandlung von Miet- zu Eigentumswohnungen
- Der Austausch einer statusniedrigen durch eine statushöhere Bevölkerung
- Ein hohes Konfliktpotenzial
- Unterschiedliche Einkommensgruppen und Konsumstile
- Physische Sanierung und soziale Aufwertung
- Die Herausstellung von vier Dimensionen der Aufwertung bei Gentrifizierungsprozessen: baulich, sozial, funktional, symbolisch, wobei die funktional-symbolische Dimension als Meta-Dimension dient.[119]

Die bisher vorgestellten Definitionen und ihre jeweiligen Merkmale lassen folglich zwei Möglichkeiten der Begriffsauslegung zu. Nach einem eng gefassten Verständnis beinhaltet Gentrifizierung drei Veränderungsprozesse: Den Austausch einer sozioökonomisch statusniedrigen gegen eine statushöhere Bevölkerung, die Veränderung des Gebietscharakters und der Angebotsstrukturen für Freizeit und Kultur und die bauliche Anpassung des Wohnungsangebots an die Nachfrage der einkommensstarken Zuziehenden durch Modernisierungen.[120]

Weit gefasst beinhaltet Gentrifizierung Mieterhöhungsentwicklungen, in deren Verlauf einkommensschwächere Haushalte bei der Konkurrenz um Wohnraum von Haushalten mit höheren Einkommen verdrängt werden.[121]

[118] Vgl.: Friedrichs 1996, S. 14–15.

[119] Vgl.: Bröcker 2013, S. 18–19.

[120] Vgl.: Bouali; Gude 2014, S. 29.

[121] Vgl.: Bouali; Gude 2014, S. 29.

2.1.3 Akteure der Gentrifizierung

An Gentrifizierungsprozessen in innerstädtischen Quartieren sind mehrere Bevölkerungsgruppen beteiligt, die in der Forschung gemeinhin als Akteure bezeichnet werden. Hierbei wird zunächst grundlegend unterschieden zwischen den neuen Bewohnern, welche sich erneut in eine Gruppe der Pioniere und eine Gruppe der Gentrifier aufteilen lassen, und den Alteingesessenen, beziehungsweise den Anderen oder den sonstigen Haushalten.

Diese Alteingesessenen sind in den gleichen Altersgruppen vertreten, wie Pioniere und Gentrifier, verfügen aber nicht über die gleiche, überdurchschnittliche Bildung der Pioniere oder das überdurchschnittliche Einkommen der Gentrifier und/oder sind nicht kinderlos. Die Alteingesessenen sind eine heterogene Gruppe, von Arbeitern mit und ohne Kindern, über Migranten bis hin zu Akademikern mit mehr als einem Kind. Die sogenannten Alteingesessenen wohnen allerdings meist auch nicht schon immer in einem Gebiet, eine Bezeichnung als ‚sonstige Haushalte' ist also vorteilhafter. Der Einfachheit halber werden die Begriffe Alteingesessene, Andere und sonstige Haushalte hier synonym verwendet. Besonders abzugrenzen von Alteingesessenen bzw. sonstigen Haushalten sind ‚Ältere'. Diese unterscheiden sich von den anderen Akteuren hauptsächlich durch ihr hohes Alter. Der Status dieser Akteure kann sich mit der Zeit ändern, was kaum durch die Auswertung von Statistiken nachzuvollziehen ist. Die sonstigen Haushalte sind zumeist die Verlierer eines Gentrifizierungsprozesses.[122]

Die eigentlichen Akteure der Gentrifizierung sind jedoch die Pioniere und Gentrifier (siehe Tab. 1), welche als neue Bewohner in ein Gebiet ziehen. Pioniere werden als die frühen Gentrifier betrachtet und sind: Risikofreudige, junge Personen, die vergleichsweise früh in ein Gebiet ziehen und es nach ihren Interessen und finanziellen Möglichkeiten bewohnbar machen. Sie sind in der Regel kinderlos und unverheiratet und verfügen über eine gute bis sehr gute Bildung, aber über ein geringes Einkommen, was sie durch hohe Flexibilität, gute Kontakte und Netzwerke teils ausgleichen können. Sie leben in allen denkbaren Haushaltstypen (Wohngemeinschaften, allein, Paarwohnung). Besonders ihre Bereitschaft mit anderen zusammen zu wohnen und ihre überdurchschnittlich gut ausgeprägten sozialen Kontakte machen sie in der Stadt konkurrenzfähig. Zudem sind sie an einer sozialen Mischung und Heterogenität im Wohngebiet durchaus interessiert und

[122] Vgl.: Blasius 2004, S. 25.

sehen diese als Bereicherung. Pioniere gelten als die ersten, die in ein Gebiet kommen, welches vermutlich bald aufgewertet wird. Sie schätzen am innenstadtnahen Wohnen einerseits die kurzen Wege, andererseits die guten Gelegenheitsstrukturen und Möglichkeiten, sich kreativ zu entfalten oder ihre Subkultur auszuleben. Erst sie machen das Gebiet auch für andere neue Bewohner interessant. Der typische Pionier ist Student oder Künstler.[123]

Gentrifier kommen meist erst später in ein Gebiet, wenn dieses das Anfangsstadium der Aufwertung überwunden hat und sind etwas älter als Pioniere. Meist haben sie einen ‚white-collar' Job, arbeiten also im Dienstleistungssektor. Sie sind in der Regel kinderlos und leben alleine, oder unverheiratet in einer Paarbeziehung als Doppelverdiener. Gentrifier haben ein hohes und sicheres Einkommen und meist gute berufliche Positionen. Durch ihre hohe Mietzahlungsfähigkeit und ihre Bereitschaft dazu, hohe Mieten zu zahlen, setzen sie sich am Wohnungsmarkt letztendlich gegen alle anderen Konkurrenten durch. Sie sind an einem homogenen Wohngebiet interessiert und empfinden eine soziale Mischung als unangenehm oder sogar als Gefahr. Ihre geringe Risikobereitschaft führe dazu, dass sie erst dann in ein Gebiet kommen, wenn es bereits ihren Konsummustern und Vorstellung entspricht. Sie schätzen am innenstadtnahen Wohnen die kurzen Wege zu ihren Arbeitsplätzen und gute Gelegenheitsstrukturen, sind allerdings auch an ruhigen Wohnverhältnissen interessiert. Der typische Gentrifier arbeitet in einer leitenden Position in einem Dienstleistungsbetrieb oder einer Behörde.[124]

Denkbar ist auch eine Gruppe von Super-, beziehungsweise Hyper-Gentrifiern, also eine Gruppe mit ähnlichen sozio-demographischen Merkmalen wie Gentrifier, allerdings mit einem deutlich höheren Einkommen.[125] Problematisch bei dieser Einteilung ist allerdings, dass die Grenzen zwischen Pionieren, Gentrifiern und sonstigen Haushalten fließend sind und sich die Zugehörigkeit zu einer der Gruppen ändern kann. So wird ein Student, welcher als Pionier eingestuft wird, da sein Einkommen niedrig ist, automatisch als Gentrifier gelten, sobald sein Studium abgeschlossen ist und er einen gut bezahlten Arbeitsplatz findet. An der Wohnsituation dieser Person hat sich währenddessen womöglich nichts geändert. Die Einteilung von Pionieren, Gentrifiern und sonstigen Haushalten dient dementsprechend eher zur Vereinfachung der Darstellung der komplexen Prozesse einer Gentrifizierung.[126]

---

123 Vgl.: Blasius 1993, S. 31–32.

124 Vgl.: Blasius 1993, S. 31–32.

125 Vgl.: Bröcker 2013, S. 32.

126 Vgl.: Friedrichs 1996, S. 16–17.

Als weitere Akteure der Gentrifizierung können zudem Investoren gesehen werden. Diese haben jedoch kein Interesse an einem Wohngebiet als solches, sondern sehen dieses als reine Investition des zweiten Kapitalkreislaufes.[127] Dieser meint Immobilien, Infrastrukturen und Wohnungen. Da sich die investierten Summen langfristig amortisieren müssen, werden auf lange Sicht Gewinne erwartet, welche durch diese Immobilien erwirtschaftet werden müssen. Hierzu verfolgen Investoren verschiedene Strategien, welche je nach Wohngebiet unterschiedlich sein können. Der Gewinndruck sorgt außerdem für ein maximales Ausreizen von Mieten bei Wohnungen.[128]

Tab. 1 – Die Akteure der Gentrifizierung

Sozialstatistische Merkmale	Pioniere	Gentrifier
Alter	18–35	18–45
Pro-Kopf-Einkommen	Eher niedriger bzw. nahe am Einkommen des Bevölkerungsdurchschnitts	Höher als das Einkommen des Bevölkerungsdurchschnitts
Bildung	Mind. Abitur	Mind. Mittlere Reife
Berufsposition	Student in der Ausbildung	Angestellter, Beamter, Freiberufler, in der Dienstleistungsbranche Leitende Position
Haushaltsgröße	Bis zu 6 Personen wohnen häufig in Wohngemeinschaften	1–2 Personenhaushalt als Paar zusammenlebend (*Single-/Dink*-Haushalte)
Familienstand	Unverheiratet Kein oder max. 1 Kind	Unverheiratet aber zusammenlebend Max. 1 Kind
Risikobereitschaft	hoch	gering

Quelle: Bröcker 2013, S. 34.

127 Vgl.: Uffer 2014, S. 69–71.

128 Vgl.: Holm 2013, S. 22–23.

2.1.4 Auftreten, Ausprägungen und Auswirkungen von Gentrifizierung

Die große Vielfalt an Begriffsauslegungen und Definitionsansätzen stammen auch daher, dass Gentrifizierungsprozesse je nach untersuchtem Gebiet sehr unterschiedliche Ausdrucksformen, Ausprägungen, Verläufe aufweisen und Auswirkungen auf das Quartier haben können. Jede Stadt ist einzigartig (Vgl. Kapitel 1.1), daher folgt Gentrification auch keinem festgesetztem Muster, sondern nimmt spezifische Entwicklungen an. Trotzdem gibt es zwei Modelle zur Erklärung der idealtypischen Gentrification, welche sich Hauptsächlich am Wandel der Sozialstruktur des betroffenen Gebietes ausrichten: Der (doppelte) Invasions-Sukzessions-Zyklus nach Dangschat, zurückgehend auf die Chicagoer Schule, und das Phasenmodell der Gentrification, angelehnt an das Modell des Wandels von Nachbarschaften, welche in Kapitel 2.2.2 erläutert werden.[129]

Neuere Ansätze und Gentrification-Konzepte stellen meist einen Aspekt in den Vordergrund der Betrachtungen, beispielsweise werden bei der Rural-Gentrification Entwicklungen im außerstädtischen Raum beobachtet, wobei der Raum im Vordergrund steht. Bei der Studentification, Tourisitification und der Family-Gentrification werden hingegen die Akteure der Entwicklungen in den Vordergrund gestellt und ihr Einfluss auf die Aufwertungen in einem Gebiet betrachtet.[130] Auf die neuen und erweiterten Forschungsansätze wird detailliert in Kapitel 2.2.1 eingegangen. An dieser Stelle soll jedoch deutlich werden, dass Gentrifizierung von verschiedenen Standpunkten aus betrachtet werden kann. Je nach Sichtweise und Forschungsansatz können Raum, Individuen oder ökonomische Beweggründe in den Vordergrund gestellt werden, was jedoch nicht die Bedeutung der anderen Faktoren ausschließt. Auch können bei einer Gentrifizierung mehrere Prozesse parallel ablaufen, ohne sich gegenseitig zu behindern. Somit stehen neue Ansätze dem ursprünglichen Gentrification-Ansatz nicht im Wege. Dies wird besonders deutlich bei der Touristification, welche durch den Statusgewinn eines Gebietes oft parallel zu einer gewöhnlichen Gentrifizierung verläuft.[131]

Das Auftreten von Gentrifizierung in einem Gebiet ist, laut Blasius, an bestimmte Entstehungsbedingungen geknüpft, welche durch eine sich ändernde Sozialstruktur, ökonomische Beweggründe, sowie politische und rechtliche Rahmenbedingungen erfüllt sein müssen. Eine der wichtigsten Bedingungen für Gentrifizierung

---

[129] Vgl.: Bröcker 2013, S. 30.

[130] Vgl.: Bröcker 2013, S. 23–24.

[131] Vgl.: Bröcker 2013, S. 23–24.

ist der demographische Wandel, welcher sich in Innenstädten durch erhöhte Nachfrage nach Wohnraum seit den 1990er Jahren äußert, da die Baby-Boom Generationen auf den Markt strömt und gleichzeitig die Anzahl der kleineren Haushalte ansteigt. Letzteres wird durch eine verlängerte Phase der Postadoleszenz verursacht, also der Phase vor der Familiengründung. Durch Studium, Single-Dasein und vorangestellte berufliche Karriere gibt es in Städten immer weniger große Familien, die Heiratsquote stagniert, das Heiratsalter steigt an, wodurch die Nachfrage nach Single- und Paarwohnungen mit ansteigt, was den Druck auf traditionelle Familien erhöht.[132]

Verdrängung spielt als Bedingung für Gentrifizierung ebenfalls eine entscheidende Rolle und stellt dabei den Mittelpunkt der sozialen Dimension der Gentrifizierung und gleichzeitig das Wesen des Prozesses dar.[133] Es kommt im Verlauf der Aufwertungen zu einer Umstrukturierung der Bevölkerung nach sozio-demographischen Merkmalen. Zugezogene gelten dabei als eine relativ homogene Gruppe, Verdrängte als heterogene Gruppe. Die einzige Gemeinsamkeit aller Verdrängten ist eine relativ große ökonomische Schwäche. Durch Luxussanierungen, Umwandlungen in Eigentumswohnungen und Mietpreiserhöhungen werden die ehemaligen Bewohner der Innenstädte verdrängt, der Zuzug der ursprünglichen Bevölkerung wird stark erschwert, da die Miet- und Kaufpreise zu hoch sind.[134]

Eine weitere Bedingung ist die Entwicklung des Hausmarktes und dessen Dynamik. Da durch die anhaltende Suburbanisierung die Preise für Häuser und Grundstücke stark gestiegen sind, hat das städtische Umland seinen größten Vorteil gegenüber der Stadt eingebüßt. Besonders Personen, die auf Gelegenheitsstrukturen, Kontakt zu Freunden und Bekannten und auf ein großes Kultur- und Freizeitangebot zurückgreifen wollen, ziehen deshalb einen innenstadtnahen Wohnraum vor. Dies gilt vor allem für Ein- und Zweipersonenhaushalte, aber auch für Rentner, Migranten und Arbeitslose, die ebenfalls auf solche Strukturen angewiesen sind. Dies erhöht zusätzlich die Nachfrage auf dem innerstädtischen Wohnungsmarkt.[135]

Die Veränderungen auf dem Arbeitsmarkt spielen ebenfalls eine tragende Rolle für Gentrifizierungsprozesse. Da die Zahl der Arbeitsplätze im tertiären Sektor,

---

132 Vgl.: Blasius 1993, S. 24.

133 Vgl.: Holm 2013, S. 7.

134 Vgl.: Blasius 1993, S. 28.

135 Vgl.: Blasius 1993, S. 25.

also im Dienstleistungssektor, der besonders in der Innenstadt vertreten ist, zunehmen und gleichzeitig das Lohnniveau steigt, steigt auch die Nachfrage nach innerstädtischem Wohnraum. So sollen lange Wege vermieden werden. Gentrifizierung wird so zu einer sogenannten ‚white-collar' Eigenschaft der oberen Mittelschicht und ist Folge der Ansiedlung großer Konzerne in der Stadt.[136] „Unter anderem hängt ‚Gentrification' zusammen mit der Wandlung des Arbeitsmarktes zum Dienstleistungs- und Wissensgewerbe, mit demographischen Veränderungen der Wohnbevölkerung, Kosten-Nutzen-Überlegungen der Eigentümer von Gebäuden in innenstadtnahen Teilgebieten, rechtlichen Rahmenbedingungen und in seiner sozialen Dimension mit der Verdrängung von Mietern."[137]

Weitere Faktoren für die Entstehung von Gentrifizierung bilden die sogenannten neuen Lebensstile. Diese hängen meist mit neuen Konsumwünschen zusammen, wozu auch eine individuelle und repräsentative Wohnung gehört.[138] Diese Lebensstile sind geprägt von einem hohen disponiblen Einkommen, hoher Flexibilität und dem häufigen Nutzen der städtischen Gelegenheitsstrukturen.[139]

Entscheidend für die Entstehung von Gentrifizierung sind weiterhin die rechtlichen Grundlagen und die politischen Rahmenbedingungen des betrachteten Gebietes. Gesetzgebung, Mieterschutz und staatliche Förderung von Wohnungsbau und Modernisierungen können stark voneinander abweichen, selbst innerhalb einer einzelnen Stadt, in der beispielsweise bestimmte Sanierungsgebiete ausgewiesen wurden. Generell bietet Deutschland, verglichen mit Staaten wie den USA, einen guten Mieterschutz, weshalb Gentrifizierungsprozesse vergleichsweise eingeschränkt verlaufen. Auch der Anteil an Sozialmietwohnungen ist in Deutschland vergleichsweise höher. Generell sind Aufwertungen von innerstädtischen Gebieten aber staatlich oder kommunal gewollt und werden entsprechend unterstützt, weshalb Gentrifizierung auch in Deutschland entstehen kann. Ein Vergleich von Gentrifizierungsprozessen zwischen zwei Städten, besonders wenn diese in unterschiedlichen Ländern liegen, ist aufgrund der zum Teil sehr unterschiedlichen Rahmenbedingungen schwierig.[140]

Ebenfalls als Bedingung für die Entstehung von Gentrifizierung gelten Gedanken der ökonomischen Rationalität. Da es allgemein weniger Geld kostet, vorhandene Altbaustrukturen zu modernisieren anstatt ein neues Gebäude zu errichten,

136 Vgl.: Blasius 1993, S. 25.

137 Blasius 1993, S. 22.

138 Vgl.: Blasius 1993, S. 26–27.

139 Vgl.: Bröcker 2013, S. 12.

140 Vgl.: Blasius 1993, S. 29.

welches über eine ähnliche Ausstattung verfügt, wird dies generell vorgezogen. Zudem sind die alten Gebäudestrukturen, zum Beispiel von Gebäuden aus der Gründerzeit, attraktiv für viele Haushaltstypen. Die großzügig geschnittenen Zimmer und eine praktische Aufteilung gelten als reiz- und wertvoll. Eine Investition in ein solches Objekt kann daher sehr lohnenswert sein, besonders in einem frühzeitigen Stadium der Gentrifizierung oder noch davor. Dies lockt auch internationale Investoren und Investmentfonds an. Die steigende Nachfrage nach einer Modernisierung lässt zudem auch angrenzenden Wohnraum profitieren, allerdings werden dann auch Modernisierungen teurer, weshalb bei einer Gentrifizierung meist das gesamte Gebiet in einem sehr hohen Tempo modernisiert wird. Übrige ökonomische Beweggründe lassen sich über Rent-Gap und Value-Gap-Theorien erklären, welche in Kapitel 2.2.3 beschrieben werden.[141]

Nicht nur das Auftreten, auch die Ausprägung von Gentrifizierung unterscheidet sich, wie bereits festgestellt, erheblich je nach äußeren Umständen und betrachtetem Gebiet. Auch in welcher Art und Weise die Bedingungen für die Entstehung von Gentrifizierung erfüllt werden spielt dabei eine Rolle. Nach Bouali und Gude können drei Archetypen von gentrifizierten Gebieten identifiziert werden, welche je nach Ausprägung der dortigen Gentrifizierungstendenzen eingeteilt sind. Diese Typen wurden am Beispiel von Berlin entwickelt, lassen sich aber auch auf andere Städte übertragen.[142] Eine Identifikation dieser insgesamt drei Typen wäre durch einen Vergleich eines Gebiets mit den idealtypischen Entwicklungen des Phasenmodells der Gentrifizierung denkbar.

Typ eins bilden die gentrifizierten Quartiere. In diesen Gebieten hat bereits ein struktureller Wandel stattgefunden und die bisherige heterogene Bevölkerung wurde gegen eine nach Alter, Qualifikationen und Einkommen eher homogene Bevölkerungsgruppe ausgetauscht. Diese Quartiere müssen in einem relevanten Umfang über großzügig geschnittene, attraktive Wohnungen und ausreichende städtische Infrastruktur verfügen. Reine Arbeiterquartiere gehören nicht dazu, es sei denn, der Wohnungsbestand und die Infrastruktur wurden bereits grundlegend saniert. Auch die Durchmischung von Wohnen und Gewerbe, sowie ein geringer Bevölkerungsanteil von Armen, gering Qualifizierten und Migranten sind für die Entstehung von Gentrifizierungstendenzen wichtig und somit in diesen Gebieten zu finden.[143]

---

141 Vgl.: Blasius 1993, S. 22–24.

142 Vgl.: Bouali; Gude 2014, S. 35–40.

143 Vgl.: Bouali; Gude 2014, S. 35–36.

Den zweiten Typ bilden Gebiete, die sich im Gentrifizierungsprozess befinden. Dies sind Quartiere, in denen sich momentan ein deutlicher soziostruktureller Wandel vollzieht, in denen aber noch große Teile der ursprünglichen Bevölkerung erhalten geblieben sind, wobei bisher lediglich die armen Haushalte verdrängt wurden. Die Gentrifizierung hat eine bestimmte Ausprägung erreicht, muss allerdings nicht zwangsläufig weiter verlaufen und abgeschlossen werden. Investoren, Politik, der Wohnungsmarkt und die Anwohner können den weiteren Verlauf noch stark beeinflussen.[144]

Typ drei der gentrifizierten Gebiete bilden Quartiere mit überwiegend einkommensärmerer Bevölkerung. Diese Gebiete weisen eine Bevölkerungsstruktur von überwiegend ärmeren Haushalten auf, zu denen aber immer mehr Haushalte typischer Pionier-Gruppen stoßen, zum Beispiel Studenten, Künstler und Kreative. Diese verfügen ebenfalls über niedriges Einkommen, teils sogar unter dem Gebietsdurchschnitt. Durch ihre anderen Lebensformen und Vorlieben ändern sich Nachfrage und Angebot im Gebiet, weshalb auch die Infrastruktur anpasst wird. Es finden in diesen Gebieten noch keine relevanten Zuwanderungen von Besserverdienenden statt, eventuell steigende Mieten können den generell stark steigenden Mietpreisen im unteren Preissegment der gesamten Stadt zugeordnet werden. Dieser Fahrstuhleffekt ist besonders in Berlin stark ausgeprägt und wird teils fälschlicherweise als Gentrifizierung gewertet. Es gibt in diesen Quartieren zwar womöglich ebenfalls einen soziostrukturellen oder demographischen Wandel, sowie Veränderungen der Infrastruktur und auf dem Wohnungsmarkt, doch die eigentlichen Merkmale der Gentrifizierung, besonders die Verdrängung, fehlen bisher.[145]

Auffällig ist allerdings, dass den im Stadtvergleich eigentlich unterdurchschnittlichen Mieten in solchen Gebieten immer öfter deutlich höhere Mieten bei einer Neuvermietung an neue Bewohner gegenüberstehen. Diese Mietpreissteigerungen sind ohne vorherige Investitionen durch reine Nachfrage möglich, was auf eine hohe Beliebtheit solcher Gebiete bei den sogenannten Pionieren schließen lässt. Es kann dementsprechend zu einer sogenannten Mietpreisgentrifizierung kommen. Eine Ankündigung einer bevorstehenden klassischen Gentrifizierung

144 Vgl.: Bouali; Gude 2014, S. 36–37.

145 Vgl.: Bouali; Gude 2014, S. 37–40.

muss dies allerdings nicht sein, da die wohlhabenderen Gentrifier ohne Modernisierungen nicht in solche Gebiete ziehen, weshalb es mittelfristig vermutlich nur zu einer partiellen Veränderung der Sozialstruktur in diesen Quartieren kommt.[146]

Die Auswirkungen von Gentrifizierungsprozessen sind, im Gegensatz zu Auftreten und Ausprägungen, weniger divergent, wobei auch hier Unterschiede je nach Gebiet denkbar sind. Allgemein sind durch eine Gentrifizierung Preissteigerungen im Gebiet zu erwarten, was sich hauptsächlich, aber nicht ausschließlich, auf die Mietpreise und Kaufpreise für Wohnraum bezieht. So sind die Mieterträge für die rund 33.000 vorhandenen Wohnungen im Ortsteil Prenzlauer Berg in Berlin von rund 22 Millionen Euro im Jahr 1993 auf rund 144 Millionen Euro im Jahr 2008 gestiegen, was einer Steigerung von 500 Prozent in 15 Jahren gleichkommt.[147]

Doch auch die Gelegenheitsstrukturen, sowie Freizeit- und Kulturangebote passen sich einer neuen, kaufkräftigen Kundschaft an und werden unter Umständen teurer. Steigende Preise, aber auch die Veränderung des Wohnumfelds, sowie steigender Druck durch gestiegene Nachfrage können indirekt, Hausbesitzer und Investoren direkt, in der Folge zur Verdrängung der bisherigen Bewohner führen. Hierbei sind sowohl geographische Verdrängung, als auch Verdrängung aus dem bisherigen Lebensstil denkbar.[148]

Zumeist wird bei einer Gentrifizierung eine heterogene, statusniedrige, gering gebildete und einkommensschwache Bevölkerung durch eine homogene, statushöhere, gut gebildete und einkommensstarke Bevölkerung ausgetauscht, wobei nicht auszuschließen ist, dass einige Bewohner im Zuge der Gentrifizierung einen sozialen Aufstieg erleben und sich lediglich an anderer Stelle in der Statistik wiederfinden. Generell könne allerdings von einem starken soziostrukturellen Wandel in einem gentrifizierten Gebiet gesprochen werden.[149] Wie genau diese Verdrängung ablaufen kann wird in den Beschreibungsmodellen in Kapitel 2.2.2 erläutert.

Selbstverständlich hat eine Gentrifizierung nicht ausschließlich negative Auswirkungen auf die Bewohner eines Gebiets. Für diejenigen, die es sich leisten können zu bleiben, sind die Aufwertungen und Modernisierungen von Vorteil. Generell lässt sich die Aufwertung eines Gebiets in vier Dimensionen gliedern:

---

146 Vgl.: Bouali; Gude 2014, S. 44–46.

147 Vgl.: Holm 2014, S. 55.

148 Vgl.: Holm 2013, S. 60–62.

149 Vgl.: Häußermann; Kapphan 2002, S. 191–194.

Die bauliche, soziale, funktionale und übergeordnet die symbolische Aufwertung (siehe Tab. 2). Besonders die bauliche Dimension der Aufwertung ist als positiv hervorzuheben, da sie eine direkte Steigerung der Lebensqualität der Bewohner des Gebiets bedeutet. Da der bauliche Zustand vieler Wohnungen in typischen gentrifizierten Gebieten vor der Modernisierung als desolat, teilweise ruinös beschrieben wird, scheint eine Aufwertung zumeist unumgänglich. Allerdings sind die Konzentration auf Luxussanierungen und vermehrte Umwandlungen zu Eigentumswohnungen hierbei zu kritisieren, da sie den Markt für einige Bevölkerungsgruppen verschließen.

Tab. 2 – Die vier Dimensionen der Aufwertung von Gentrifizierung

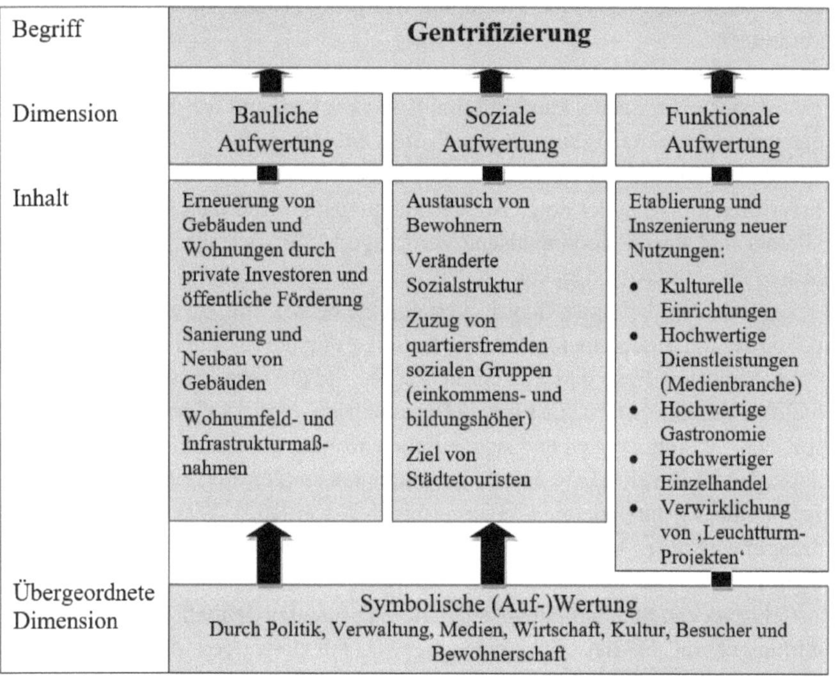

Quelle: Bröcker 2013, S. 22.

Die sogenannte soziale Aufwertung ist dagegen kritisch zu betrachten, da in einem gentrifizierten Gebiet nicht eine Umwandlung der Sozialstruktur von einer Ansammlung von Benachteiligten hin zum städtischen Durchschnitt erfolgt, wie es in den 1960er Jahren durch die sogenannte Sozialstruktursanierung in vielen

Quartieren vorgesehen war. Zumeist entstünde stattdessen eine homogene Bevölkerungsstruktur mit überdurchschnittlichen soziostrukturellen Merkmalen. Die benachteiligten Bevölkerungsgruppen müssen nun auf andere Gebiete in der Stadt ausweichen, wo sie sich stärker als zuvor konzentrieren.[150]

Die funktionale Aufwertung eines Quartiers bietet Vor- und Nachteile, sie fördert die Verdrängung von alteingesessenem Gewerbe und Bewohnern, gleichzeitig schafft sie neue Arbeitsplätze und steigert das Ansehen des Gebiets. Dies führt auch zur letzten Dimension, der symbolischen Aufwertung. Dabei handelt es sich schlicht um die Verbesserung des Images eines Gebiets. Das Image eines ehemals benachteiligenden Gebietes kann durch eine Verbesserung seines Erscheinungsbildes nach außen zu einem Standortfaktor werden. In Verbindung mit anderen Standortfaktoren, wie der Infrastruktur, der Geschichte und dem Kultur- und Freizeitangebot wird ein Quartier auch interessant für Touristen. Hierbei fällt auf, dass für Touristen die gleichen Standortfaktoren interessant sind, welche als Kennzeichen für Gentrifizierungstendenzen gelten. Tourismus und Gentrifizierung gehen demnach Hand in Hand: Die gleichen Quartiere, die bei Touristen sehr beliebt sind, ziehen meist auch Pioniere und Gentrifier an und umgekehrt.[151]

Grundsätzlich sollten bei innerstädtischen Aufwertungsprozessen zwei Prozesse unterschieden werden: Die exogen beeinflusste Gentrifizierung und das endogen motivierte, sogenannte Incumbent Upgrading, welches durch den amerikanischen Soziologen Clay erstmals beschrieben wurde.[152]

Bei Incumbent Upgrading geht die Initiative der Aufwertung von den Bewohnern aus, besonders wenn diese selbst Eigentümer der Häuser sind, die aufgewertet werden. Es handelt sich dabei eher um eine (finanzielle) Selbsthilfe. Incumbent Upgrading verläuft langsam, wenig intensiv und ist an den Bedürfnissen und finanziellen Möglichkeiten der Bewohner ausgerichtet, da für diese bessere Wohnbedingungen geschaffen werden sollen. Es findet keine Verdrängung statt, der Austausch der Bevölkerung findet parallel zur demographischen Entwicklung im Rest der Stadt statt. Die Aufwertungsprozesse geschehen also ohne einen signifikanten Wandel der sozioökonomischen Struktur in dem Gebiet.[153] Das Image des Gebiets ändert sich nicht und es bleibt in den meisten Fällen ein Wohnviertel, unter Umständen sogar ein Arbeiterviertel.[154]

---

150 Vgl.: Holm 2013, S. 47–48.

151 Vgl.: Novy 2014, S. 252–255.

152 Vgl.: Clay 1979, S. 35.

153 Vgl.: Clay 1979, S. 46–47.

154 Vgl.: Dangschat 1988, S. 274.

Bei einer Gentrifizierung hingegen geht die Initiative von außen aus, beispielsweise von Investoren oder Behörden. Die Aufwertung orientiert sich an den Bedürfnissen von Investoren, Eigentümern und Spekulanten (Gewinnmaximierung), sowie der Behörden (Wiederaufwertung, Steuereinnahmen, Ende der Suburbanisierung) und den Bedürfnissen neuer, finanzstarker Bewohner (Investitionen ins Wohnumfeld, Luxussanierungen, neues Gewerbe, Infrastruktur). Die Sozialstruktur ändert sich in gentrifizierten Gebieten stark, alteingesessene Bewohner werden verdrängt.[155] Die neuen Bewohner gehören oft der oberen Mittelschicht an und leben in kleinen Haushalten, meist ohne Kinder. Sie zeichnen sich durch einen höheren sozialen Status, bessere Bildung und höhere Einkommen im Gegensatz zu den ehemaligen Bewohnern aus.[156] Die Baustruktur war zuvor meist heruntergekommen und wurde aufwendig modernisiert, wobei Gebäude aus der Gründerzeit bevorzugt werden. Es handelt sich in der Regel um ein relativ kleines Gebiet in guter Lage. Eine exakte Trennung der beiden Phänomene ist in Deutschland eher schwierig, auch sind Mischformen denkbar. Das äußere Interesse kann als Indikator für Gentrification gesehen werden.[157]

Zwar unterscheiden sich die Prozesse von Incumbent Upgrading und Gentrifizierung deutlich voneinander (siehe Tab. 3), es lassen sich allerdings gewisse Abhängigkeiten voneinander finden. Einerseits kann eine Aufwertung durch die Bewohner eines kleinen Gebiets zu einer anschließenden Gentrifizierung führen, welche als ‚spot-gentrification‘ bezeichnet wird. Die gesteigerte Attraktivität durch die selbstständig durchgeführten Aufwertungen kann demnach die Nachfrage in dem Gebiet erhöhen. Andererseits kann Incumbent Upgrading unter Umständen als Strategie zum Schutz vor Verdrängung in den Randgebieten von gentrifizierten Quartieren dienen. Durch das sogenannte ‚fringe-upgrading‘ können Bewohner mit eigenständig durchgeführten Aufwertungen den Wert ihrer Wohnungen und Häuser erhalten, beziehungsweise steigern, um so einen Kauf durch Investoren zu verhindern, wodurch sie weiterhin dort wohnen können.[158]

Durch die Ähnlichkeit von Incumbent Upgrading und Gentrifizierung ist eine Verwechslung der beiden Prozesse bei der Betrachtung eines Gebietes durchaus vorstellbar. Hierbei dienen vor allem die Fluktuation der Bevölkerung und das Interesse von äußeren Akteuren als Indikatoren für Gentrifizierung. Für die vor-

---

155 Vgl.: Clay 1979, S. 30–31.

156 Vgl.: Friedrichs 1995, S. 119–123.

157 Vgl.: Blasius 1993, S. 29–30.

158 Vgl.: Dangschat 1988, S. 274.

liegende Arbeit scheint Incumbent Upgrading von großem Interesse, weil die Bewohner der Ortsteile Moabit und Wedding in Berlin durch das Quartiersmanagement der Senatsverwaltung zu selbstständigen Aufwertungen ermutigt werden sollen. Somit könnten in den Medien vermutete Gentrifizierungsprozesse mit Prozessen des Incumbent Upgrading verwechselt worden sein, was eine fehlerhafte Rezeption bei den Bewohnern Berlins ausgelöst haben könnte. Dies soll in der Analyse in Kapitel 5 überprüft werden.

Tab. 3 – Vergleich von Gentrifizierung und Incumbent Upgrading

Eigenschaften	Gentrification	Incumbent Upgrading
Initiative und Auslöser	**Außen:** Investoren, Planungs-behörden, Makler **Innen:** Bewohner, Pioniere [Akteure]	**Innen:** Bewohner, Eigentümer
Orientierung	an **Ansprüchen** der neuen Bewohner an **Gewinnerwartungen** von Spekulanten an **Planungsbehörden**	an **finanziellen Möglichkeiten und Bedürfnissen** der Bewohner
Gebietsgröße	relativ **klein**	relativ **groß**
Dynamik des Prozessverlaufs	**schnell,** intensiv, schubweise	**langsam.** wenig intensiv, gleichmäßig
Soziale Dimension	**Starke Veränderungen:** Anstieg der (oberen) Mittelschicht und Austausch statusniedriger durch statushöhere Bevölkerung	**Geringe Veränderungen,** Kaum soziale Mobilität [geringe Fluktuation im Gebiet]
Bauliche Dimension	**Vorher:** Bestandsquartier (Ende 19./Anfang 20. Jh.), meist verfallen, teilweise ruinös **Nachher:** modernisierte Bestandsstruktur, Baulückenfüllung	**Vorher:** Bestandsquartier (195er/1960er Jahre), meist verfallen, teilweise ruinös **Nachher:** modernisierte, instandgesetzte Bestandsstruktur
Funktionale Dimension	**Nutzung:** Entstehung neuer Geschäfte und Freizeitangebote **Investitionen:** Ins Wohnumfeld und aufwendige Renovierung der Wohnungen **Gebietscharakter:** Mischgebiet	**Nutzung:** Keine oder kaum veränderte Infrastruktur **Investitionen:** Keine oder kaum öffentliche Investitionen **Gebietscharakter:** Wohngebiet

Quelle: Bröcker 2013, S. 20, selbst erstellte Tabelle mit eigenen Ergänzungen.

2.1.5 Gentrifizierung und Lebensstil

Seit den 1970er Jahren sind zu den anerkannten, durch das ökonomische System zu befriedigende Lebenszielen (Wohlstands- und Erfolgsziele) auch soziale Lebensziele hinzugekommen. Diese sind Lebensziele der Integration, Selbstverwirklichung und Emanzipation. Sie können auch als postmateriell verstanden werden.[159] In dieser Zeit ist die zuvor selbstverständliche Einbettung von Lebensverläufen in die kollektive Vergemeinschaftung von Familien, Partnerschaften und Statusgruppen abgelöst worden durch eine individuelle und autonome Lebenssteuerung.[160] Diese Individualisierung hat eine Pluralisierung der Lebensverläufe ermöglicht und so verschiedene, neue Lebensstile hervorgebracht. Einige dieser neuen Lebensstile lassen sich als ‚neue Urbanitäten' beschreiben, welche junge Leute meinen, die eine positive Einstellung zum Wohnen in der Innenstadt haben und diese neu bevölkern.[161]

Die Lebensstile dieser neuen Bewohner grenzen sich zumeist von denen der anderen Haushalte in einem Gebiet ab. Sie sind oft mit einem hohen, disponiblen Einkommen verbunden, der diese Lebensstile erst ermöglicht. Keine Kinder im Haushalt zu haben ist eine weitere Voraussetzung dieser Lebensstile, da man ansonsten zu wenig Zeit und Freiraum hätte, um diese auszuleben. Somit können Lebensstile als eine Ausdrucksform und als Spiegel der sozialen Ungleichheit und deshalb als Faktor für Segregation verstanden werden.[162]

Häußermann und Siebel identifizieren zwei Gruppen von neuen Urbanen: Yuppies (Young urban professionals, von ihnen auch als Gentrifier bezeichnet) und Alternative (Pioniere). Erstere sind beruflich erfolgreich und verkörpern einen luxuriös-dynamischen Lebensstil. Alternative dagegen negieren bürgerliche Lebensstile und Arbeitsformen, sind finanziell schwächer und leben eher abseits der Norm. Beiden Gruppen ist gemeinsam, dass ihre Bedürfnisse von Konsum, Kultur und Wohnen, obwohl sie sehr unterschiedlich sind, am besten in der Innenstadt befriedigt werden.[163] Innenstadtnahe Wohnungen werden demnach oft von Personen nachgefragt, die in einer ähnlichen Position im Lebenszyklus sind, deren sozialer Status und Einkommen sich aber dennoch stark unterscheidet. Dies kann zu Konflikten zwischen den Bewohnergruppen führen, da sie um den gleichen

159 Vgl.: Hradil 2009, S. 287–288.

160 Vgl.: Mayer; Hilmert 2004, S. 142–144.

161 Vgl.: Blasius 1993, S. 40–43.

162 Vgl.: Blasius 2004, S. 28.

163 Vgl.: Blasius 1993, S. 40–43.

Standort konkurrieren und unterschiedliche Einstellungen zu Aufwertungen haben.[164]

Laut Michael Sobel ist die Differenzierung von Lebensstilen gleichzusetzen mit der Verteilung von Konsumpräferenzen. Lebensstil ist eine bestimmte und deshalb erkennbare Form des Lebens, die im Konsum zum Ausdruck kommt. Je mehr die strukturelle Differenzierung in einer Gesellschaft fortgeschritten ist, desto stärker differenzieren sich auch Lebensstile. Individuelle Präferenzen variieren mit den Positionen des Individuums innerhalb der Sozialstruktur der Gesellschaft. Konsumpräferenzen sind deshalb auch Ausdruck von Wahlfreiheit, die nicht durch Werte- und Normen, Moral oder Schichtzugehörigkeit begrenzt werden, sondern lediglich von Geld, also Finanzkraft des Individuums.[165]

Lebensstile äußern sich weiterhin im Geschmack, so fragen finanzstarke Haushalte gerne Wohnungen nach, die viel Platz für Selbstverwirklichung bieten. Dazu gehören große, hohe Räume und auch schöne Fassaden, wie sie in deutschen Städten besonders bei Gebäuden zu finden sind, die vor dem ersten Weltkrieg gebaut wurden. Sie bieten eine klare Abgrenzung zu den Neubauten, die ab 1950 entstanden. Erstere befinden sich zudem überwiegend in zwei bis maximal fünf Kilometern Entfernung zur Innenstadt und gelten so als innenstadtnaher Wohnraum. Generell wird Selbstverwirklichung für viele Menschen immer wichtiger, was auch einschließt, dass man sich nicht auf einen Partner festlegt, keine Kinder hat und sich so die größtmögliche Wahlfreiheit erhält. Als Folge steigt die Zahl der finanziell unabhängigen Alleinlebenden in Städten an, wodurch auch die Nachfrage nach Wohnraum steigt.[166]

Die Aufwertung innerstädtischer Wohnviertel ist dabei abhängig von gestiegener Nachfrage nach hochwertigem Wohnraum in Innenstädten, welche begründet ist mit dem Wandel von Haushalts- und Beschäftigtenstrukturen und veränderten Konsumpräferenzen.[167] Wenn aufgewerteter Wohnraum in der Innenstadt nachgefragt und damit konsumiert wird, dann wird er auch produziert und zu dem maximalen Preis angeboten, den der Markt zulässt.[168]

Die neuen urbanen Bewohner tragen ihren Lebensstil nach außen, Kleidung, Schmuck, Möbel, Auto und Urlaub sind Kennzeichen dieser Gruppen und tragen zur funktionalen Identität dieser bei. Auch stilvolle Wohnungen, welche nach

---

164 Vgl.: Dangschat 1988, S. 284–285.

165 Vgl.: Müller 2009, S. 337–338.

166 Vgl.: Blasius 1993, S. 40–43.

167 Vgl.: Dangschat 1988, S. 288.

168 Vgl.: Blasius 2004, S. 27–28.

Größe, Ausstattung, Preis und Wohnumfeld ausgewählt werden, sind Teil dieser urbanen Identität. Neue urbane Lebensstile beinhalten zudem ein sehr mobiles Verhalten, ein Teil der alltäglichen Konsumption wird aus der Wohnung in deren unmittelbare Umgebung verlagert, was die Innenstadt attraktiver als andere Stadtteile macht, da sich dort Gelegenheitsstrukturen und auch Gleichgesinnte finden lassen. Die Nähe zu Ausbildungs- und Arbeitsplätzen ist wichtig, während eine kinderfreundliche Umgebung für diese Haushalte eher unwichtig ist. Dies beschreibt die Vorlieben eines typischen Gentrifiers relativ genau.[169]

Alternative verwirklichen dagegen ihre Lebensstile oft durch Subkulturen und neue Gewerbe, welche die Vorarbeit für eine spätere Gentrifizierung bilden können. Sie bevorzugen dabei eher nicht modernisierte Altbauwohnungen wegen ihrer gleichmäßigen Aufteilung, die auch für WGs und alternative Geschäfte geeignet ist. Gentrifier setzen sich durch ihr Konsumverhalten und ihre Finanzkraft letztendlich durch, Dienstleistung und Handel passen ihr Angebot dieser Bewohnergruppe an. Sie bevorzugen modernisierte Altbauten mit großzügigem Schnitt. Da Wohn- und Gewerbeflächen endlich sind müssen sich Bewohner und Handel entweder anpassen oder umwandeln, ansonsten werden sie verdrängt. Die Preise im Gebiet steigen daraufhin, auch wegen steigender Nachfrage.[170]

Gentrifier und Alternative, beziehungsweise Pioniere, können auch als kreative Milieus (was weit gefasst werden soll) verstanden werden, welche maßgeblich zur Entstehung eines innovativen, produktiven Klimas in der Stadt beitragen. Dies ist in der heutigen Zeit zwingende Voraussetzung für Wohlstand und Wachstum in einer Region.[171] Nach Richard Florida gibt es sogenannte weiche Standortfaktoren, welche besonders entscheidend für die Ansiedlung der kreativen Klassen sind, womit er Künstler, Alternative aber auch junge Mittelständler aus dem Dienstleistungssektor und Wissenschaftler meint.[172] Diese bevorzugen beispielsweise „ein tolerantes Klima in der Stadt, individuelle Entfaltungsmöglichkeiten und ein attraktives Kultur- und Freizeitangebot.“[173] Diese weichen Standortfaktoren werden teilweise erst durch Pioniere geschaffen und durch weitere Vertreter urbaner Lebensstile erweitert. Das kulturelle Kapital, welches die kreativen Milieus in einem Stadtteil erwirtschaftet haben, wird in der Folge von Investoren und

---

169 Vgl.: Blasius 2004, S. 28–29.

170 Vgl.: Blasius 1993, S: 40–43.

171 Vgl.: Löw; Steets, Stoetzer 2008, S. 136.

172 Vgl.: Holm 2013, S.43.

173 Holm 2013, S. 43.

Eigentümern dafür verwendet, ihre Wohnräume attraktiver wirken zu lassen. Dabei wird auch der Ruf und das Flair eines Quartiers für Marketingzwecke aufgegriffen.[174] „Gentrification stellt sich aus dieser Perspektive als eine immobilienwirtschaftlich vermittelte Enteignung des kulturellen Kapitals von (ökonomisch mittellosen) Künstler/innen durch später zuziehende Reiche dar."[175] Das Ausleben alternativer, neuer Lebensstile von Pionieren kann so zu einer Aufwertung führen, die diese Gruppen ursprünglich vermeiden wollten.

Es ist deutlich geworden, dass Personen, die neue Lebensstile ausleben, ein verändertes Konsumverhalten aufweisen. Zu den Konsumpräferenzen und den Geschmäckern zählen, neben Statussymbolen, Kleidung und Essen auch repräsentative Wohnungen. Da sich der Wunsch nach innenstadtnahen Altbauwohnungen bei vielen Lebensstilen überschneidet – neue Lebensstile, wie auch etablierte, klassische Haushaltstypen weisen eine hohe Nachfrage nach Altbauten in innenstadtnahen Wohnquartieren auf – kommt es zu Konkurrenz zwischen den verschiedenen Bewohnertypen und Lebensstilen. Letztendlich setzt sich die Gruppe mit dem höchsten Einkommen am Markt durch. Dies zeigt, dass bei der Gentrifizierung Lebensstile und deren spezifische Konsummuster eine große Rolle spielen. Selbst ärmere Bewohner können unbewusst Vorarbeit für eine Gentrifizierung leisten, indem sie ihre Lebensstile, Konsumverhalten und kulturelles Kapital in einem Viertel etablieren und so das dortige Image verändern.

Es gibt jedoch auch Autoren, die davor warnen, den Einfluss der neuen Lebensstile und der urbanen Bevölkerungsgruppen überzubewerten. Andere Akteure auf dem innerstädtischen Markt werden aufgrund ihrer Unauffälligkeit lediglich oft übersehen. „Umso auffallender wirken demgegenüber expressive, auf Abwechslung, Erlebnis und Selbstdarstellung eingestimmte Lebensstile, die zwar nur auf bestimmte Lebensphasen und Haushaltsformen und auf rund 15% der Bevölkerung beschränkt sind, wegen ihrer Konzentration in innerstädtischen Standorten und ihrer Sichtbarkeit im öffentlichen Raum in ihrem Gewicht aber leicht überschätzt werden. Dabei spielt, stellt man die großen Bildungs- und Einkommensunterschiede zwischen den Trägern dieser expressiven Lebensstile in Rechnung, das Alter offenbar eine größere Rolle als die Schichtzugehörigkeit. Insofern muss man aber auch davon ausgehen, dass in den Innenstädten keineswegs nur Neubau-

[174] Vgl.: Holm 2013, S. 33.

[175] Holm 2013, S. 33.

oder luxussanierte Altbauwohnungen gefragt sind, die für fast die Hälfte dieser Lebensstilgruppen unerschwinglich sind."[176]

Eine Ansammlung dieser expressiven Lebensstile in einem Quartier durch Gentrifizierungsprozesse ist allerdings wahrscheinlich.

---

[176] Spiegel 2000, S. 213.

2.2 Gentrifizierung in der Forschung

2.2.1 Kurzer Überblick über den deutschen Forschungsstand

Gentrificationforschung begann in Deutschland gegen Ende der 1980er Jahre, Vorreiter waren und sind Soziologen wie Blasius, Dangschat und Friedrichs, die das Bild der deutschen Forschung bis heute prägen und erste deutschsprachige Definitionen aufstellten. Schwerpunkte der Forschung waren Frankfurt a.M., Köln, Hamburg und München, oft weil diese Forscher an Instituten in diesen Städten arbeiteten. Nach der Wiedervereinigung begann Mitte der 1990er Jahre auch die Forschung in ostdeutschen Städten wie Leipzig, Dresden, Erfurt, Halle und Ost-Berlin. Durch die Überführung der Wohnungen vom zentralistisch gesteuerten zum marktwirtschaftlichen Wohnungswesen und durch den, zugegebenermaßen, sehr dringlichen Sanierungsbedarf der ostdeutschen Wohnungen, gab es hier sehr weitreichende und schnelle Veränderungen. Diese führten jedoch zu einer Nichtbeachtung der westberliner Stadtteile und somit zu einer Desinvestitionspolitik in diesen. Deshalb waren diese nicht nur teilweise die Verlierer der Wiedervereinigung in Berlin (z.B. Moabit), sondern auch in der Forschung. Verglichen mit ostberliner Stadtteilen wie Prenzlauer Berg wurden sie kaum beachtet und stellen eine Forschungslücke dar, die mit dieser Arbeit gefüllt werden soll.[177]

In der deutschen Gentrification-Forschung wird allgemein von mehreren Stufen, beziehungsweisen Schüben der Gentrifizierung ausgegangen, welche mit den jeweils herrschenden politischen und ökonomischen Rahmenbedingungen zusammenhingen. Diese gelten bis zur Wiedervereinigung zunächst nur für Westdeutschland.[178]

Die erste Stufe begann demnach in den 1950er Jahren und dauerte bis zur Ölkrise 1973. Es gab weit gefächerte, aber sporadische Reinvestitionen, welche abhängig von staatlicher Förderung und Stadtplanung waren. Diese waren explizit auf die Aufwertung innerstädtischer Gebiete ausgelegt, um die Verödung durch Suburbanisierung einzudämmen. Die Ölkrise beendete die meisten Investitionen durch die danach schlechte wirtschaftliche Situation. Die zweite Stufe erstreckte sich von den späten 1970er bis in die 1990er Jahre, es gab größere Investitionen in gentrifizierte Gebiete, bzw. innenstadtnahe Gebiete, welche einen aggressiven, unternehmerischen Antrieb hatten und weitreichende Spekulationen verursach-

177 Vgl.: Bröcker 2013, S. 26–27.

178 Vgl.: Blasius 2004, S. 21–22.

ten. Der Staat hielt sich aus den meisten Modernisierungen eher heraus. Die Rezession in den frühen 1990er Jahren ließ eine Immobilienblase platzen, weshalb Spekulationen ausgesetzt wurden. Die dritte Stufe dauert seit den frühen 2000er Jahren an. Die Pause nach den 1990er Jahren war nur kurz, es wurde wegen einer allgemeinen Erwartungshaltung nach der Wiedervereinigung schnell wieder investiert, nun auch in Ostdeutschland.[179]

In der Forschung werden seit neuestem, zusätzlich zu bereits bestehenden Konzepten und Modellen der Gentrificationforschung, neue Konzepte zur Erklärung bestimmter Ausprägungen von Gentrifizierungen vorgeschlagen. Mehrere Prozesse können bei einer Gentrifizierung gleichzeitig ablaufen und beeinflussen sich gegenseitig. Neue Konzepte stehen dabei dem ursprünglichen Ansatz der Gentrification nicht im Weg.[180]

So werden bei der sogenannten Rural-Gentrification oder auch Provincial-Gentrification Gentrifizierungsprozesse im außerstädtischen Raum betrachtet. Hierbei geht es vor allem um Aspekte von Fläche und Raum.

Bei den Konzepten der Studentification, der Touristification und der Family-Gentrification stehen die Akteure im Mittelpunkt der Betrachtungen. Hier werden die Einflüsse bestimmter Gruppen von Bewohnern oder Besuchern auf Gentrifizierungsprozesse behandelt.

Bei der sogenannten New-Build-Gentrification werden Neubautätigkeiten auf Brachflächen im oberen Luxuswohnbereich untersucht. Die Aufwertung von Wohngebieten durch Neubauten und das Interesse von Investoren stehen dabei im Fokus. Da Neubauten jedoch vorerst niemanden verdrängen, werden Zusammenhänge der immobilienwirtschaftlichen Inwertsetzung von Quartieren betrachtet.

Die Super- bzw. die Hyper-Gentrification treten oft im Zusammenhang mit der New-Build-Gentrification auf. Sie beschreiben Aufwertungsprozesse in bereits gentrifizierten Vierteln, die Schließung von Quartieren auch für besser Verdienende und somit die Überlagerung einer bereits stattgefundenen Gentrifizierung. Es findet eine weitere Steigerung der ökonomischen Wertschöpfung statt, auch hier steht die immobilienwirtschaftliche Inwertsetzung im Vordergrund.

Die Gentrification-light bezeichnet hingegen einen Gentrifizierungsprozess, der nicht bis zum Ende durchlaufen wird, sondern meist bei einer symbolischen Aufwertung des Quartiers ohne Verdrängung der Bevölkerung stehen bleibt.

---

179 Vgl.: Blasius 2004, S. 21–22.

180 Vgl.: Bröcker 2013, S. 23–24.

Die Mietgentrifizierung oder auch Rental-Gentrification bezeichnet die Gewinnmaximierung bei Neuvermietungen ohne wesentliche Modernisierungen der Bausubstanz. Auch hier können durch ansteigende Kosten Verdrängungen stattfinden.[181]

2.2.2 Beschreibungsmodelle – Der Invasions-Sukzessions-Zyklus und das Phasenmodell der Gentrifizierung

Bei einer Gentrifizierung handelt es sich, wie bisher deutlich wurde, um eine Vielzahl ineinandergreifender, komplexer Prozesse, welche sehr unterschiedliche Ausprägungen und verschiedene Auswirkungen haben kann. Zudem wird das Tempo der Veränderungen durch viele Faktoren beeinflusst.[182]

Um diese komplexen Prozesse verständlich zu machen und so die Abläufe einer Gentrifizierung beschreiben zu können, haben sich in der Forschung zwei Beschreibungsmodelle etabliert, welche an dieser Stelle vorgestellt werden.

Der Invasions-Sukzessions-Zyklus

Das Beschreibungsmodell des Invasions-Sukzessions-Zyklus stammt ursprünglich aus der Pflanzenökologie und wird dort verwendet, um den Prozess der Neubesiedlung eines Lebensraums zu beschreiben.[183]

Das Modell wurde erstmalig in den 1920er Jahren von der Chicagoer Schule der Stadtsoziologie für die Beschreibung von Transformationsprozessen in Städten verwendet.[184] Es beschrieb zumeist die Verdrängung einer statushohen durch eine statusniedrige Gruppe.[185] Clay war im Jahr 1979 der erste Forscher, der dieses Beschreibungsmodell für den Prozess einer Gentrifizierung verwendete und von der Verdrängung einer statusniedrigen durch eine statushöhere Gruppe sprach.[186] Er erklärte damit den Austausch der Bevölkerung eines Quartiers, welcher durch Gentrifizierungsprozesse verursacht wird. Hierfür verwendet er vier

---

181 Vgl.: Bröcker 2013, S. 23–24.
182 Vgl.: Bröcker 2013, S. 30.
183 Vgl.: Friedrichs 1995, S. 118–119.
184 Vgl.: Krajewski 2006, S. 47–49.
185 Vgl.: Dangschat 1988, S. 280.
186 Vgl.: Stark 1997, S. 21.

Phasen von Entwicklungen, weshalb auch von einem doppelten Invasions-Sukzessions-Zyklus gesprochen werden kann. Aus diesem Ansatz ging später ebenfalls das Phasenmodell der Gentrifizierung hervor.[187]

Dangschat war der erste Soziologe, der dieses Beschreibungsmodell für deutsche Städte anpasste. Gleichzeitig versuchte er durch eine Einführung von Akteuren, den Pionieren und den Gentrifiern, dieses Modell operationalisierbar zu machen.[188] Der doppelte Invasions-Sukzessions-Zyklus ist in der Forschung vor allem deshalb populär, weil er auf stark vereinfachende Weise die komplexen Zusammenhänge einer Gentrifizierung veranschaulicht.

Der idealtypische Ablauf (siehe Tab. 4) des doppelten Invasions-Sukzessions-Zyklus der Gentrifizierung beginnt mit dem Zuzug von Pionieren in ein Gebiet, was als erste Invasion bezeichnet wird. Diese werden, der Einfachheit halber, als Gruppe verstanden. Sie zeichnen sich durch ihr relativ geringes Alter und Einkommen, ihre hohe Mobilität, ihre gute Bildung und ihre hohe Risikobereitschaft aus und sind untereinander relativ heterogen. Meist befinden sie sich in einer Lebensphase, in der entscheidende Veränderungen noch bevorstehen, sind entsprechend kinderlos und meist nicht verheiratet. Der idealtypische Pionier ist Student oder Künstler (siehe Tab 1).[189] Diese Pioniere ziehen oft zuerst in leerstehende Wohnungen und renovieren diese für ihren eigenen Bedarf, was keine weitere Aufmerksamkeit erfährt. Sind die leeren Wohnungen belegt, ziehen sie in freiwerdende Wohnungen, wodurch sich der Anteil der Gruppe der Pioniere immer weiter erhöht.[190] Erreicht die Gruppe der Pioniere einen Anteil von ungefähr 40 Prozent an der Bevölkerung im Gebiet, wird dies als die erste Sukzession bezeichnet. Die Pioniere haben nun eine gewisse Dominanz im Quartier, weshalb es zu ersten geringfügigen Verdrängungen von bisherigen Bewohnern und Gewerben kommen kann.[191] Ihre Durchsetzungskraft am Wohnungsmarkt verdanken die Pioniere meist ihren guten sozialen Kontakten und Netzwerken, wodurch sie in der Lage sind, den Alltag einfach zu bewältigen, in Wohngemeinschaften zu leben oder Geld von Angehörigen zu beziehen. Dadurch sind sie auch in der Lage, eigene Gewerbe und Lebensstile, ausgedrückt durch Subkulturen und deren Treffpunkte, im Gebiet zu etablieren.[192]

---

187 Vgl.: Clay 1979, S. 57–60.

188 Vgl.: Bröcker 2013, S. 31.

189 Vgl.: Bröcker 2013, S. 31.

190 Vgl.: Clay 1979, S. 57.

191 Vgl.: Stark 1997, S. 21–22.

192 Vgl.: Blasius 2004, S. 26.

Die Pioniere, die in diesem ersten Zyklus in ein Gebiet kommen, führen selbst nur geringfügige Veränderungen durch, allerdings treten bereits erste bauliche, soziale und funktional-symbolische Aufwertungen auf. Teils sind diese unabsichtlich herbeigeführt, was als Emergenzeffekt bezeichnet wird. Diese Verbesserungen werten gleichzeitig das Image eines Gebiets auf, weshalb auch andere Gruppen auf das Wohnquartier aufmerksam werden. Durch die von Pionieren ausgeführten Aufwertungen wird das Gebiet allgemein beliebter und andere Gruppen werden angezogen. Somit stellt diese Phase des Zyklus lediglich die Erschließung eines Gebiets durch die Pioniere für eine spätere Gentrifizierung dar.[193]

Es zieht nachfolgend in einer zweiten Invasion eine Gruppe in das Gebiet, welche sich durch etwas höheres Alter, relativ gute Bildung, hohes Einkommen, mittlerer Mobilität und geringe Risikobereitschaft auszeichnet und untereinander relativ homogen ist. Diese Gruppe wird als Gentrifier bezeichnet (siehe Tab. 1). Sie wurden durch die bisherigen Aufwertungen angelockt, welche bereits einen gewissen Fortschritt erreicht haben müssen. Denn die geringe Risikobereitschaft der Gentrifier resultiert in hohe Erwartungen an das Wohngebiet, sowie eine Bevorzugung einer homogenen Sozialstruktur.[194]

Die Gentrifier haben einen gut bezahlten Beruf in der Innenstadt und sind an weiteren Aufwertungen stark interessiert. In der Folge steigende Preise können sie bewältigen, teureren Wohnraum können sie nachfragen. Die sonstigen Haushalte und Pioniere im Gebiet können sich am Markt schlechter durchsetzen und werden verdrängt. Die Gentrifier erreichen schnell eine Dominanz von 60 Prozent der Haushalte im Quartier, was die zweite Sukzession darstellt.[195]

Sobald eine gewisse Dominanz der Gentrifier erreicht ist, welche bei ungefähr 75 Prozent der Haushalte liegt, wird von einem ‚tipping point', beziehungsweise einem ‚point of no return' gesprochen. Die Entwicklungen sind dann nicht mehr aufzuhalten oder rückgängig zu machen.[196]

Am Ende des Prozesses hat sich das Wohngebiet von einem Quartier mit heterogener Sozialstruktur und heruntergekommenen Wohnhäusern zu einem Quartier mit homogener Sozialstruktur und einer Mischstruktur aus zum Großteil lu-

---

193 Vgl.: Bröcker 2013, S. 31–32.

194 Vgl.: Bröcker 2013, S. 32–33.

195 Vgl.: Blasius 2004, S. 26.

196 Vgl.: Bröcker 2013, S. 31.

xussanierten Häusern mit einem hohen Anteil an Eigentumswohnungen und modernem Gewerbe entwickelt. Die bisherigen Bewohner, aber auch die meisten Pioniere des ersten Zyklus, wurden verdrängt.[197]

Tab. 4 – Der doppelte Invasions-Sukzessions-Zyklus

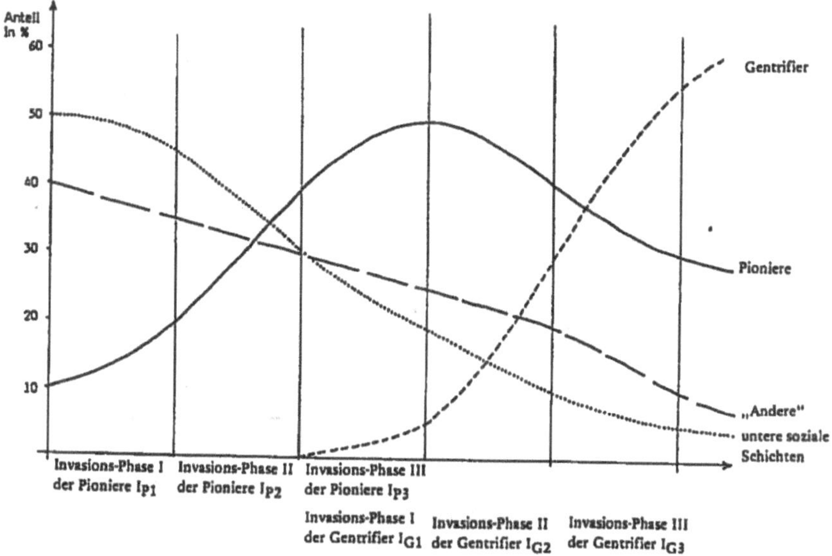

Quelle: Blasius 1993, S. 122.

Pioniere haben dabei, durch die schnellen und intensiven Entwicklungen, die der Gentrifizierungsprozess mit sich bringt, oftmals nicht die Möglichkeit eine eigene Infrastruktur zu etablieren, bevor sie selbst vertrieben werden. Deshalb bleiben ihre Einflüsse oft nicht auf Dauer erhalten und sie können relativ leicht durch Gentrifier in dem Gebiet ersetzt werden, die sich auf dem (Wohnungs-) Markt besser durchsetzen können.[198]

Es ist auch ein dritter Zyklus mit sogenannten Ultra-Gentrifiern denkbar, sollte eine Ultra-Gentrifizierung stattfinden, wobei Pioniere und vorherige Gentrifier verdrängt werden.[199]

[197] Vgl.: Friedrichs 1995, S. 118–119.

[198] Vgl.: Dangschat 1988, S. 280–281.

[199] Vgl.: Bröcker 2013, S. 33.

Der doppelte Invasions-Sukzessions-Zyklus wird allerdings auch kritisiert, unter anderem sei er empirisch noch nicht nachweisbar gewesen. Teilweise sei auch zu beobachten, dass Gentrifier vor Pionieren in ein Gebiet kommen.[200] Zudem ändert sich der soziale Status von Personen über die Zeit und kann somit kaum nachvollzogen werden, vor allem bei Verwendung von Längsschnittdaten. Zum Beispiel gehört jeder, so ergibt es sich nach der Definition der Akteursgruppen, irgendwann zu den ‚Alten', beziehungsweise sonstigen Haushalten. Eine genaue Beschreibung der Gentrifizierung anhand dieses Modells ist also schwierig.[201]

Das Phasenmodell der Gentrifizierung

Das zweite in der Gentrifizierungsforschung verwendete Beschreibungsmodell ist das Phasenmodell der Gentrifizierung. Dieses entstand als Ergänzung zu den Phasenmodellen des Wandels von Nachbarschaften, welche unter anderem von Hoover und Vernon (1959), Ottensmann (1975) und Downs (1981) entworfen wurden. In diesen Modellen werden Wandlungsprozesse von Wohngebieten und ihren Sozialstrukturen beschrieben. Hierzu werden meist fünf oder sechs Phasen mit jeweils unterschiedlicher Dauer beschrieben.[202]

Das Modell von Hoover und Vernon gilt als Grundlage der nachfolgenden Phasenmodelle. Die erste Phase ist dabei der Neubau von Einfamilienhäusern mit niedriger Dichte in peripherer Lage, gefolgt von einem Bevölkerungswachstum. Die zweite Phase wird als Übergang bezeichnet und meint den Neubau von Mehrfamilienhäusern mit höherer Dichte in der Nähe der Stadtmitte, wodurch die Bevölkerung stark anwächst. In einer dritten Phase findet eine Umwandlung, beziehungsweise Herabstufung der Gebäude statt. Hierbei steigt die Bevölkerungsdichte weiter an und die Sozialstruktur ändert sich, wobei sie in den meisten Fällen problematischer wird. Die vierte Phase bezeichnet die Ausdünnung der Wohnviertel. Durch die vorherige Herabstufung kam es zu Bevölkerungsrückgang und somit zu Leerstand, sinkenden Haushaltsgrößen, niedrigerer Dichte und teilweise zum Abriss von Häusern. Lediglich Migranten würden noch in solche Quartiere ziehen. Die fünfte Phase ist die Erneuerung des Quartiers, bei der alte Häuser modernisiert werden, wodurch sich die Wohnqualität maßgeblich erhöht. Hierbei

200 Vgl.: Blasius 2004, S. 26.

201 Vgl.: Stark 1997, S. 22.

202 Vgl.: Bröcker 2013, S. 35.

erhöht sich jedoch nicht die Dichte. Oft greift hierbei auch der Staat durch Subventionen ein, wodurch es am Ende zwei Gruppen von Haushalten gibt: Subventionierte Haushalte mit mittlerem Einkommen und Luxusappartements.[203] Ursächlich für diese Veränderungen sind selektive Zu- und Abwanderungen von Bevölkerungsgruppen mit spezieller Sozialstruktur, welche anders als die in anderen Quartieren ist-- Ursache ist also die Segregation innerhalb einer Stadt. Diese Entwicklungen haben Einfluss auf die Mieten, Preise, Infrastrukturen und das Image eines Gebiets. Nicht jede Phase dieses Modells muss jedoch zwangsläufig durchlaufen werden, auch das Überspringen von Phasen oder der Rückfall in eine frühere Phase sind möglich. Die Aufteilung der Bevölkerung in der letzten Phase des Modells kann dabei als wegweisend für die Gentrifizierungsforschung gesehen werden.[204] Dieses Phasenmodell weist bereits grundlegende Merkmale der späteren Phasenmodelle der Gentrifizierung auf.

Clay beschrieb 1979 die Invasion und Sukzession von neuen Bewohnergruppen in vier Phasen. Dies könne als eine Ergänzung der bisherigen Modelle des Wandels von Nachbarschaften verstanden und in diese integriert werden.[205] Sein Phasenmodell der Gentrifizierung setzt, je nach Verlauf der Transformationsprozesse, in der letzten oder vorletzten Phase des Modells des Wandels von Nachbarschaften an. Beschrieben werden darin hauptsächlich der Aufwertungsverlauf und die Veränderung der Sozialstruktur eines Wohnviertels. Da dieses Phasenmodell der Gentrifizierung jedoch auf amerikanische Städte zugeschnitten ist, entwickelte Friedrichs in Anlehnung an Clay ein Phasenmodell für deutsche Verhältnisse, welches in der deutschen Forschung weit verbreitet ist.[206] Bei dem Phasenmodell spielen, neben den Akteuren und deren soziostrukturellen Merkmalen, weitere Faktoren eine wichtige Rolle. Hierzu zählen unter anderem die Gebäudestruktur und deren Alter, die Mietkosten im Quartier und in Relation zum Rest der Stadt und der Anteil an benachteiligten Gruppen, wie zum Beispiel Ausländer, Arme, Alte und Arbeitslose.[207]

In dieser Arbeit sollen zwei Untersuchungsgebiete in eine Phase des Phasenmodells der Gentrifizierung eingeordnet werden, weshalb eine genaue Beschreibung der Phasen, ihrer Merkmale und wenn möglich auch einzelne Schwellenwerte erfolgen muss. Es ist deshalb auch sinnvoll, nicht nur das Phasenmodell

203 Vgl.: Friedrichs 1995, S. 115–118.

204 Vgl.: Friedrichs 1995, S. 115–118.

205 Vgl.: Clay 1979, S. 57–60.

206 Vgl.: Bröcker 2013, S. 35.

207 Vgl.: Friedrichs 1996, S. 18–19.

eines Autors zu verwenden, sondern stattdessen die Inhalte vieler Modelle in eines zusammenzufassen. Dies soll die Genauigkeit und die Anzahl der zu beobachtenden Merkmale erhöhen.

Ein Gebiet, welches sich in der ersten Phase des Phasenmodells der Gentrifizierung befindet, durchlief zumeist in der Vergangenheit eine Phase der Desinvestition. Die Gebäudestrukturen, sowie die Infrastruktur sind deshalb relativ alt und in schlechtem bis hin zu ruinösem Zustand. Der schlechte bauliche Zustand führt zu niedrigen Miet- und Grundstückspreisen, was in der Vergangenheit eine Bewohnerschaft mit einem hohen Anteil benachteiligter Haushalte anzog. Generell ist das Quartier allerdings als heterogen anzusehen. Investoren, aber auch staatliche Organe, zeigen kaum Interesse an diesem Gebiet.[208]

Ebenfalls angelockt von niedrigen Preisen und der Möglichkeit, attraktiv geschnittenen Wohnraum nach eigenen Bedürfnissen und finanziellen Möglichkeiten umzugestalten, kommen erste Pioniere das Gebiet. Diese ziehen in bisher leerstehende Wohnungen und werden beschrieben als „[...]either oblivious to or acceptant of the risk involved [...]"[209], also besonders risikofreudig. Die Sozialstruktur der Pioniere (siehe Tab. 1) unterscheidet sich grundlegend von der sozialen Zusammensetzung der sonstigen Haushalte im Gebiet. Sie verfügen über eine bessere Bildung, eine Vielzahl an sozialen Kontakten und Netzwerken, was sie konkurrenzfähig macht und sind relativ jung und mobil.[210] Die ökonomische Lage der Pioniere ist hingegen recht unterschiedlich, oft ist ihr Einkommen, welches sich aus verschiedenen Quellen zusammensetzt, jedoch vergleichbar mit dem Gebietsdurchschnitt oder liegt sogar noch darunter. Dies können sie durch Leben in Wohngemeinschaften, Flexibilität und gute Kontakte jedoch ausgleichen.[211]

Die Pioniere sind untereinander heterogen und schätzen eine große soziale und kulturelle Vielfalt in dem Gebiet. Sie führen, im Rahmen ihrer Möglichkeiten, erste kleine Modernisierungen durch und verkörpern ihre teils alternativen Lebensstile nach außen. So entstehen Szenetreffs und die kulturelle Vielfalt im Quartier wird gesteigert.[212] Auch kleinere Gewerbe von Pionieren eröffnen im Gebiet, um die anderen Konsumbedürfnisse der Gruppe zu befriedigen.[213]

---

208 Vgl.: Bröcker 2013, S. 36.

209 Berry, zitiert in: Blasius 1993, S. 34.

210 Vgl.: Marquardt 2006, S. 39.

211 Vgl.: Blasius 1993, S. 31.

212 Vgl.: Krajewski 2006, S. 48.

213 Vgl.: Bröcker 2013, S. 36.

In dieser Phase werden die Pioniere kaum im Quartier wahrgenommen, da sie hauptsächlich leerstehende Wohnungen beziehen und abseits der Norm ihren eigenen Lebensstilen folgend leben. Bisher werden dementsprechend keine Bewohner verdrängt. Auch ist noch kein Imagewandel des Gebiets zu verzeichnen. Lediglich die kleinen baulichen Aufwertungen im privaten Rahmen bilden eine Grundlage für eine spätere Gentrifizierung.[214]

Der Übergang zur zweiten Phase des Modells ist fließend. Diese beginnt mit dem Zuzug weiterer Pionierhaushalte, welche durch die Pioniere der ersten Phase und die durch diese etablierten Szenetreffs und Gewerbe, sowie durch deren Erfahrungen angelockt werden. Zeitgleich oder in kurzer zeitlicher Abfolge kommen auch erste Gentrifier (siehe Tab. 2) in das Gebiet, wobei es sich hier um wenige Haushalte handelt. Teils sind diese schlicht durch ihre erste feste Anstellung in ihrem sozialen Status aufgestiegen und von Pionieren zu Gentrifiern geworden.[215]

Die neuen Pionierhaushalte führen weitere kleine Modernisierungen durch. Die weniger risikobereiten Gentrifier kommen erst in größerer Zahl in das Quartier, sobald sie davon ausgehen, dass sich das Gebiet zu einem attraktiven Wohnviertel entwickelt. Die nun gestiegene Nachfrage nach Wohnraum in dem Gebiet bringt den Wohnungsmarkt in Bewegung, wodurch auch vereinzelte Makler, Spekulanten und Investoren auf das Gebiet aufmerksam werden.[216]

Die Gentrifier können sich durch ihr höheres Einkommen, welches deutlich über dem der sonstigen Haushalte, aber auch über dem der Pioniere aus Phase eins und zwei liegt, besser auf dem Wohnungsmarkt durchsetzen. Makler und Investoren passen ihre Angebote den Bedürfnissen und Wünschen der Gentrifier an, wodurch es bald zu Miet- und Grundstückspreissteigerungen kommt.[217] Gentrifier hoffen oft auf günstige Kauf- oder Mietangebote, zeigen sich aber auch stark interessiert an Aufwertungen im Gebiet, wofür teils auch eigenes Kapital verwendet wird. Oft beginnen professionelle Gesellschaften damit, Mehrfamilienhäuser zu kaufen und komplett mit einem sehr hohen bis luxuriösen Standard zu modernisieren, um sie anschließend teuer zu vermieten. Ein entscheidendes Merkmal der zweiten Phase sind erste Investitionen gebietsfremder Personen oder Firmen.[218]

214 Vgl.: Marquardt 2006, S. 39.

215 Vgl.: Diller 2014, S. 22.

216 Vgl.: Marquardt 2006, S. 39–40.

217 Vgl.: Krajewski 2006, S. 48.

218 Vgl.: Marquardt 2006, S. 39–40.

Auch Gewerbe- und Dienstleistungsunternehmen im Gebiet passen ihre Angebote den neuen, konsumstarken Bewohnergruppen an. Durch die umfassenden Modernisierungen und die Veränderung des Handels wird ein Wandel im Gebiet auch nach außen hin sichtbar. Durch die Entstehung neuer Gewerbekonzepte wird das Quartier zudem für Personen aus anderen Teilen der Stadt als Ort zum Verbringen von Freizeit oder zum Einkaufen interessant. Die steigende Popularität mündet in einem wachsenden medialen Interesse über die dortigen Entwicklungen. Durch den Imagewandel und die höhere Repräsentation in den Medien werden weitere Gentrifier auf das Gebiet aufmerksam, wodurch sich deren Zahl weiter erhöht.[219]

In dieser Phase finden neben intensiven, gewerblichen Aufwertungen der Gebäudestruktur auch eine Veränderung des Quartiers von einem reinen Wohnviertel zu einem Gebiet mit Mischnutzung von Wohnen und Gewerbe statt. Auch die Sozialstruktur ändert sich nun spürbar, sonstige Haushalte, vor allem benachteiligte Haushalte, werden verdrängt und müssen in anderen Teilen der Stadt eine für sie bezahlbare Wohnung finden. Teils können auch erste Pioniere unter dem Preisanstieg leiden und ein neues Quartier suchen, in dem sie sich entfalten können. Die zunehmende Homogenisierung und gewerbliche Modernisierung des Viertels lehnen sie ab. Das Image des Gebiets ändert sich stetig und wird auch in anderen Teilen der Stadt wahrgenommen, die mediale Aufmerksamkeit steigt.[220]

Die dritte Phase zeichnet sich durch den weiteren Zuzug von Gentrifierhaushalten aus. Dies bewirkt einerseits eine erhöhte Nachfrage nach Wohnraum im Gebiet, andererseits eine erhöhte Nachfrage nach Modernisierungen von Wohnungen, aber auch der umliegenden Infrastruktur. Die Miet- und Grundstückspreise steigen deshalb nun sehr stark im Vergleich zum Rest der Stadt an.[221] Viele Pioniere der ersten und zweiten Phase verlassen nun das Gebiet und ziehen in ein günstigeres innenstadtnahes Quartier, da sie sich die Mieten nicht länger leisten können und es sich entgegen ihrer Vorstellungen entwickelt hat. Lediglich solche Pioniere, deren Status sich verändert, da sie beispielsweise ihr Studium beendet und einen Arbeitsplatz gefunden haben, bleiben, werden in der Statistik aber als Gentrifier identifiziert.[222]

Investoren und Spekulanten, sowie Investmentfonds kaufen immer mehr Immobilien im Gebiet auf, da dieses mittlerweile als sichere Kapitalanlage gilt und

---

219 Vgl.: Bröcker 2013, S. 37.

220 Vgl.: Krajewski 2006, S. 48.

221 Vgl.: Bröcker 2013, S. 37–38.

222 Vgl.: Diller 2014, S. 47.

die Profitaussichten als gut gelten. Die Bausubstanz im Quartier ist zum größten Teil modernisiert worden, wodurch die Miet- und Grundstückskosten, sowie die Lebenshaltungskosten stark gestiegen sind. Allerdings ist auch ein deutlicher Anstieg an Wohn- und Lebensqualität zu verzeichnen. Banken vergeben nun sehr schnell Kredite für Investitionen im Gebiet.[223] In dieser Phase werden zudem viele Mietwohnungen in Eigentumswohnungen umgewandelt, welche nach ihrer Luxusmodernisierung gewinnbringend verkauft werden. Dies ist eine häufig verfolgte Strategie von Investmentfonds und großen Immobilienfirmen, um sehr schnell Kapital zu erwirtschaften.[224]

Es eröffnen zunehmend neue Gewerbe im Quartier, welche moderne und kreative Konzepte aufweisen, auch Dienstleistungs- und Kreativfirmen beziehen Büros im Gebiet. Bestehende Gewerbe wechseln nun häufig ihre Besitzer oder ändern ihre Konzepte, um auf die veränderte Konsumstruktur zu reagieren. Die Gewerbe gehen zudem häufig aktiv auf das Image im Gebiet ein, was weitere Besucher aus dem Rest der Stadt und Touristen anziehen soll.[225]

Die enormen Preissteigerungen im Gebiet sind für alle Bewohner spürbar und können fast ausschließlich von Gentrifierhaushalten, sowie einigen sonstigen Haushalten und wenigen Pionieren getragen werden. Benachteiligte Haushalte mussten das Quartier verlassen. Durch die starken Verdrängungsprozesse, sowohl aus dem Wohnraum, wie auch aus Gewerben, kann es auch zu Konflikten und Protesten kommen.[226]

Zudem ist das Gebiet so stark verändert, dass es nicht weiter zum Lebensstil der sonstigen Haushalte, beziehungsweise der Pioniere passt. Die Veränderungen der Gebäudestruktur, sowie des Gewerbes und der Verlust alter Nachbarschaften und damit auch sozialer Kontakte, lässt viele Pioniere und sonstige Haushalte das subjektive Gefühl einer Heimat verlieren. Die Gentrifier tragen ihre Lebensstile durch Statussymbole nach außen und verdrängen gleichzeitig die Szenekultur der Pioniere. Das Gebiet wird somit immer homogener.[227]

Die dritte Phase des Modells ist die eigentliche Phase der Gentrifizierung, oftmals sei der Prozess nun so weit fortgeschritten, dass ein Rückfall in eine frühere

223 Vgl.: Marquardt 2006, S. 40.

224 Vgl.: Uffer 2014, S. 69–71.

225 Vgl.: Bröcker 2013, S. 37.

226 Vgl.: Breckner 2010, S. 27–29.

227 Vgl.: Bröcker 2013, S. 37–38.

Phase ausgeschlossen wird. Somit kann hier ebenfalls von einem ‚point of no return' gesprochen werden.[228]

In der vierten und letzten Phase sind die grundlegenden Transformationsprozesse im Quartier bereits abgeschlossen, die meisten Wohnungen sind bereits modernisiert und die Sozialstruktur hat sich grundlegend verändert. Es können sich nur noch Gentrifierhaushalte den Zuzug in das Gebiet leisten, da die Mietpreise bei Neuvermietungen teils sehr stark ansteigen, wodurch auch die ortsübliche Miete im Gebiet steigt und Mietanpassungen für die restlichen Bewohner möglich werden. Dies verdrängt unter Umständen verbliebene sonstige Haushalte und Pioniere. Lediglich wenige dieser Haushalte können sich in eventuell verbliebenen, nicht renovierten Wohnungen halten.[229]

Weitere Modernisierungen im Gebiet können durch erneute Sanierungen mit Aufwertungen in das Luxussegment, sowie Neubauten durchgeführt werden. Investitionen in das Gebiet gelten als sichere Kapitalanlage, haben allerdings geringere Gewinnspannen als zuvor, weshalb der Fokus einiger Investoren zu anderen Gebieten wechselt. Die Umwandlung von Miet- in Eigentumswohnungen nimmt zu.[230]

Das Gewerbe im Gebiet ist nun auf die Bedürfnisse von Gentrifiern und zunehmend auch auf Touristen ausgerichtet, welche durch die zahlreichen Medienberichte und Erwähnungen in Reiseführern in das Gebiet kommen. Diese Gruppen versprechen den höchsten Umsatz. Es eröffnen zunehmend auch Hotels und Hostels im Gebiet. Das ehemalige Image und das Flair des Quartiers haben sich grundlegend gewandelt, es ist nun über die Grenzen der Stadt hinaus als ein Gebiet mit besten Wohnlagen und vielen Einkaufs- und Vergnügungsmöglichkeiten bekannt. Es hat sich von einem reinen Wohnquartier zu einem Gebiet mit Mischnutzung verändert.[231]

Die Sozialstruktur im Gebiet hat sich stark verändert, es gibt nun keine benachteiligten Haushalte mehr, dementsprechend sehr wenige Alte, Alleinerziehende, Ausländer und Arbeitslose. Diese mussten schon in einer früheren Phase das Gebiet verlassen und in einem anderen Teil der Stadt eine Wohnung suchen. Zumeist sammeln sich die benachteiligten Haushalte nun in bestimmten Teilen der Stadt –

[228] Vgl.: Marquardt 2006, S. 40.

[229] Vgl.: Bouali; Gude 2014, S. 44–46.

[230] Vgl.: Bröcker 2013, S. 38.

[231] Vgl.: Krajewski 2006, S. 48.

die Segregation der Stadt wird verstärkt. Im gentrifizierten Gebiet leben nun hingegen junge, gut gebildete Singles oder Paare, selten mit Kind, die einen festen und gut bezahlten Beruf ausüben.[232] Die mediale Aufmerksamkeit nimmt unter Umständen wieder ab und konzentriert sich auf ein anderes innerstädtisches Gebiet, es sei denn die Gentrifizierung löste starke Konflikte zwischen einzelnen Bewohnergruppen aus.

Die vierte Phase ist zwar die letzte im Phasenmodell der Gentrifizierung, neuere Forschungsansätze behaupten allerdings, dass der Gentrifizierungsprozess mit diesen Entwicklungen nicht beendet sein muss. Denkbar sei, neben anderen Prozessen der Gentrifizierung, wie zum Beispiel der Touristification, auch eine Super-, beziehungsweise Hyper-Gentrification oder eine anhaltende Mietgentrifizierung.[233]

Bei einer Super- und Hyper-Gentrification ziehen Gentrifier in das Gebiet, deren Einkommen deutlich höher ist als das der bisherigen Gentrifierhaushalte. Sind die Unterschiede dabei groß genug und steigt die Nachfrage nach Wohnungen im oberen Luxussegment, können auch Gentrifier verdrängt werden. Empirisch ist dies jedoch kaum nachweisbar.[234]

Auch zum Phasenmodell der Gentrifizierung gibt es berechtigte Kritik. Allgemein gelten Stadienmodelle als stark idealisierend für den Verlauf einer Gentrifizierung und sind empirisch selten tragfähig. Sie sind zudem stark vereinfachend und die Akteure scheinen zu sehr typologisiert. Festgelegte Einkommens- und Altersgrenzen scheinen willkürlich. So ist auch hier der Übergang vom Pionier zum Gentrifier fließend, weshalb die Akteure nur schwierig operationalisiert werden können. Gentrification ist zudem ein langer Prozess und muss nicht zwingend alle Phasen durchlaufen. Der entscheidendste Kritikpunkt ist jedoch der vollkommen unterschlagene Einfluss von Behörden und Planungsämtern auf den Gentrifizierungsprozess. Umfangreiche Modernisierungen finden oftmals nur in zuvor behördlich ausgewiesenen Sanierungsgebieten statt, da Bauarbeiten dort subventioniert werden. Gentrifizierung ausschließlich auf die Akteure, also die Bewohner zurückzuführen, reiche nicht aus, um die komplexen Marktmechanismen zu beschreiben.[235]

232 Vgl.: Bröcker 2013, S. 38.

233 Vgl.: Bröcker 2013, S. 23– 24.

234 Vgl.: Bröcker 2013, S. 23–24.

235 Vgl.: Bröcker 2013, S. 28.

Tab 5. – Überblick über die Phasen des Phasenmodells der Gentrifizierung

	Phase 1	Phase 2	Phase 3–4	Phase 5
Sozialstatus der Gruppen	Einzug von Haushalten mit höherem Bildungsstatus, 1–2 Personen-Haushalte, meist kinderlos, mit niedrigem Einkommen, suchen Nähe zum Arbeitsplatz, kulturellem und gastronomischen Angebot ➢ Risikobereite Pioniere (Studenten, Künstler) ➢ Suchen bunte Mischung	Neben Pionieren ziehen Gentrifier ein (Haushalte mit höherer Bildung, höherem Einkommen, m./o. Kinder); Haushalte sind risikoscheu, dauerhaft an guter Wohngegend interessiert	➢ Eigentliche Phase der Gentrification Vermehrter Zuzug von Gentrifiern; verstärkte Wahrnehmung des Gebietswandels durch alle Bewohnergruppen: Gentrifier u. Ältere urteilen i.d.R. eher positiv, Pioniere kritisieren v.a. Verlust der ‚bunten Mischung'	Zuzug vor allem v. statushöherer/ einkommensstärkerer Bevölkerung/ von Gentrifiern; Risikoscheuer Haushalte mit o. ohne Kinder mieten u. kaufen sich im Gebiet ein
Bodenpreise und Mieten	Vereinzelte Modernisierungen führen zu Mietpreissteigerungen; Bodenpreise bleiben unbeeinflusst	Modernisierungen nehmen zu, Mieten steigen, Bodenpreise steigen, Gebiet wird von Maklern, Investoren und Spekulanten, als zukunftsträchtig wahrgenommen	Mietpreise der Whg., Büros, Läden steigen; weitere Modernisierungen u. Umwandlung von Miet- in Eigentumswohnungen	Weiter steigende Bodenpreise, verstärkter Kauf v. Häusern durch Investoren, verstärkt Umwandlung modernisierter Whg. in Eigentumswohnungen
Funktional	Gebietsveränderungen noch gering	Entstehen neuer Geschäfte, Dienstleistungen, gastronomischer Betriebe, z.B. Szenekneipen, frequentiert v. gebietsfremden Personen	Eröffnung zahlreicher neuer Geschäfte, z.B. Boutiquen, Antiquitätengeschäfte	Zahl der Geschäfte u. Dienstleistungen, die sich an neue Bewohner u. Besucher von außerhalb richten, nimmt zu
Image	Keine Imageveränderung, da Gebietsveränderungen noch gering u. von Medien unbemerkt	Gebiet wird bekannter, Wandel wird wahrgenommen u. über Medien kommuniziert, Einrichtungen werden als Geheimtipp gehandelt	Image u. Besucherfrequenz von außerhalb des Gebietes steigt; Medienberichte über den Gebietswandel	Image als gutes Wohngebiet; Gebiet wird weit über die eigene Stadt als attraktives Quartier bekannt; Gebiet gilt als sichere Kapitalanlage
Verdrängung	Keine Verdrängung v. alten Bewohnern, da Pioniere in freiwerdende o. freie Wohnungen ziehen	Nachfragedruck auf Whg. durch verstärkten Zuzug v. Pionieren u. Gentrifiern, Wegzug alteingesessener Haushalte durch Mietanstieg	Alteingesessene Haushalte u. Pionier-Haushalte werden ökonomisch (zu hohe Miete) o. kulturell (Wandel des Gebiets missfällt) verdrängt	Verstärkter Auszug v. Haushalten der alteingesessenen Bev. u. der Pioniere; Wandlung von Miet- in Eigentumswohnungen bedrängt auch Gentrifier

Quelle: Krajewski 2006, S. 48.

2.2.3 Erklärungsmodelle – Nachfrageansatz, Angebotsansatz und Marktmodell

Während Beschreibungsmodelle die Abläufe von Gentrifizierungsprozessen vereinfachend darstellen und so den Wandel in einem Gebiet beschreiben und auf Regelhaftigkeiten untersuchen[236], dienen die Erklärungsmodelle der Gentrifizierung der Veranschaulichung der Ursachen, wann, wo und warum Gentrifizierungsprozesse auftreten. Die genauen Abläufe sind dabei weniger interessant als die spezifischen Gründe für das Auftreten von Transformationsprozessen. Hierfür haben sich drei Erklärungsmodelle durchgesetzt: Der soziologische Nachfrageansatz, der sich hauptsächlich um neue Lebensstile dreht und die ökonomischen Rent-Gap und Value-Gap Ansätze, welche Veränderungen im Grund- und Wohnungsmarkt betrachten. Da diese Modelle meist eindimensional ihrer spezifischen Fachrichtung entspringen, hat sich eine Zusammenführung von Nachfrage- und Angebotsansatz im Marktmodell als vorteilhaft erwiesen.[237]

Der soziologische Nachfrageansatz

Die Ursache der Gentrifizierung ist, nach dem soziologischen Nachfrageansatz, die Veränderung der Sozialstruktur der Gesellschaft und die damit einhergehenden neuen Lebensstile, die ihren Ausdruck in stärkerem Konsum zeigen, auch in Sachen Wohnung. Der nachfrageorientierte Ansatz ist deshalb eng mit dem Modell der Akteure der Gentrification verbunden. Die hohe Nachfrage hängt demnach mit dem vermehrten Zuzug von Pionieren und Gentrifiern zusammen, welche wegen ihrer neuen Lebensstile neue Wohnpräferenzen haben, in neuen Haushaltstypen leben und in veränderten Erwerbsstrukturen arbeiten. Dies sei Folge komplexer sozioökonomischer, kultureller und demographischer Vorgänge in der gesamten Gesellschaft.[238]

Hierbei gibt es verschiedene Kategorien von Gründen, welche gesellschaftliche Veränderungen beschreiben. Demographische Gründe sind unter anderem sinkende Geburtenraten, gestiegene Scheidungsraten und spätere Eheschließungen, die zu neuen, kleineren Haushalten führen. Durch das Hineinwachsen der Baby-Boom Jahrgänge in die Phase der Haushaltsgründung erhöht sich die Nachfrage nach innerstädtischem Wohnraum stark. Soziokulturelle Gründe schließen die Verlängerung der Lebensphase der Postadoleszenz und das Ablehnen tradierter

236 Vgl.: Friedrichs 1995, S. 112–118.

237 Vgl.: Bröcker 2013, S. 40.

238 Vgl.: Krajewski 2006, S. 47.

Familienstrukturen mit ein. Auch die Bevorzugung urbaner Lebensstile, die auf Selbstverwirklichung und Konsum ausgelegt sind, wozu auch die Wohnung gehört, ist zu beobachten. Ökonomische Gründe werden ebenso in den Ansatz einbezogen. Neue Haushalte werden demnach charakterisiert durch höheres, verfügbares Einkommen und sehr gute Ausbildung. Die Erwerbstätigkeit bei Frauen setzt sich immer weiter durch und so entstehen mehr Haushalte mit zwei Vollverdienern ohne Kinder, sogenannte Dinks (Double income, no kids), die selbstverwirklichungsorientiert sind. Gemessen an der Kopfzahl steigt die Nachfrage nach innerstädtischem Wohnraum. Weiterhin ist die Veränderung der Beschäftigtenstruktur ein Grund für gesellschaftliche Veränderungen. Dies beinhaltet die Verschiebung von Arbeitsplätzen, vor allem im tertiären Sektor, in die Großstädte und den Verlust des produzierenden Gewerbes. Es gibt mehr Stellen in leitenden Positionen, gemessen an der Zahl der Beschäftigten, welche auch eine hohe Bildung voraussetzen. Dies resultiert in einem steigenden Lohnniveau und höherer Nachfrage nach Wohnraum in der Nähe des Arbeitsplatzes.[239]

Der soziologische Nachfrageansatz gilt deshalb auch als Theorie der ‚Production of Gentrifiers'. Gemeint ist damit die Produktion einer Bevölkerungsgruppe, die über nötige Mittel und Konsumwünsche verfügt, großzügig geschnittene und moderne Wohnungen in der Innenstadt nachzufragen, aufgrund gesellschaftlicher Veränderungen.[240]

Der ökonomische Angebotsansatz

Angebotsansätze der Gentrifizierung stellen die ökonomischen Bedingungen des Wohnungsmarktes in das Zentrum ihrer Betrachtungen. Gentrification ist demnach Folge von (Des-)Investitionspolitiken und der relativen Veränderung von Gründstücks- und Gebäudewerten. Gentrifizierungsprozesse sind deshalb Bewegungen ausgelöst von Kapital, nicht von Menschen.[241]

Es gibt zwei Theorien des Angebotsansatzes: Die Rent-Gap und die Value-Gap Theorie. Welche verwendet wird hängt auch vom betrachteten Land, beziehungsweise Staat und seiner Gesetzgebung ab. Der Rent-Gap Ansatz bezieht sich auf Grundstücke, Value-Gap dagegen auf Gebäude. Letztendlich hängt beides oft zusammen, steigende Gebäudewerte führen auch zu steigenden Grundstückwerten

---

239 Vgl.: Bröcker 2013, S. 40–42.

240 Vgl.: Bröcker 2013, S. 40–42.

241 Vgl.: Krajewski 2006, S. 46.

und umgekehrt. So können beide Theorien simultan in einer Value-Rent-Gap-Theorie verwendet werden.[242]

Nach der Rent-Gap-Theorie ist Gentrification das Ergebnis einer (gezielten) Desinvestitionspolitik, durch die ein Stadtteil heruntergewirtschaftet wird. Wird diese durch eine Reinvestitionspolitik abgelöst, kommt die Gentrification in Gang. Kennzeichen der Attraktivität eines Gebiets für Investoren ist dabei die Differenz zwischen der potenziell erzielbaren Bodenrente mit bester und höchster Nutzung und der tatsächlichen, momentan erwirtschafteten Bodenrente eines Grundstücks. Ist die errechnete Differenz groß genug, kann eine Investition sich lohnen und es finden Aufwertungsprozesse statt. Durch die Steigerung einiger Grundstückswerte steigt der Wert aller Grundstücke im Gebiet.[243]

Die Value-Gap-Theorie ist eine Modifizierung des Rent-Gap-Ansatzes. Anstelle der Bodenrente werden Mieteinnahmen oder Verkaufserlöse von Wohnungen und Häusern betrachtet. Durch die Erwartung von langfristig höheren Mieteinnahmen oder der kurzfristigen starken Steigerung des Verkaufswertes einer Immobilie kommt es zu Aufwertungen im Gebiet. Die Umwandlung von Miet- in Eigentumswohnungen schafft dabei die kurzfristig höchsten Profite und zieht zudem eine zahlungskräftige Bewohnerschaft an, da ärmere sich keine Wohnung kaufen können.[244]

Sowohl Rent-Gap- als auch Value-Gap-Theorie gehen jedoch nicht auf individuelle Entscheidungen von Akteuren ein.[245] Auch ist die Ermittlung von Preisdifferenzen in einem Gebiet sehr schwer vorherzusagen. Zudem werden ideelle Werte, welche großen Einfluss auf Preise haben können, wie beispielsweise der Rückkauf des Grundstücks von Großeltern, durch die Ansätze unterschlagen.[246]

Das Marktmodell

Die Zusammenführung von Nachfrage- und Angebotsansatz im Marktmodell erfolgte nach stetiger Kritik an den beiden Angebotsansätzen. Diese konnten nicht erklären, warum in einigen Gebieten Gentrifizierungsprozesse stattfinden und in anderen nicht, obwohl ihre Ausgangssituationen ähnlich waren. Der Einfluss des Staats, politische Rahmenbedingungen und Gesetze wurden oft missachtet. Die Bestimmung der (zukünftigen) Grundstücks- und Gebäudewerte sei zudem sehr

242 Vgl.: Bröcker 2013, S. 42–44.

243 Vgl.: Krajewski 2006, S. 46.

244 Vgl.: Bröcker 2013, S. 43–44.

245 Vgl.: Blasius 2004, S. 31–32.

246 Vgl.: Blasius 2004, S. 27.

schwer bis kaum möglich. Das größte Problem jedoch ist die Missachtung des Einflusses der Bewohner und ihrer Beteiligung am Prozess der Gentrifizierung. Es fand keine Betrachtung von individuellem Handeln statt. Dagegen können bewohnerorientierte Ansätze die Entstehung von Gentrifizierungsprozessen über Lebensstile nicht ausreichend erklären. Beiden Ansätzen wurde eine Monokausalität attestiert, die der Komplexität des Problems nicht gerecht wird.[247]

Rent-Gap-, Value-Gap-Theorie und Nachfrageansatz bedingen und ergänzen sich gegenseitig, eine verständliche Erklärung der Ursachen von Gentrifizierungsprozessen sollte deshalb beide Theorien miteinander kombinieren. Die Zusammenführung beider Ansätze wird Marktmodell genannt. Dieses berücksichtigt, wie auf einem Markt üblich, sowohl Angebots-, als auch Nachfrageseite, also die potenziellen Gentrifier und die zu gentrifizierenden Gebiete.[248]

So erhöht sich die Nachfrage nach Wohnraum durch den Zuzug einkommensstarker Gruppen in ein innenstadtnahes Gebiet. Diese bevorzugen die Lage aufgrund der Nähe zu Infrastruktur und zu ihren Arbeitsplätzen, aber auch wegen der zu ihrem Lebensstil gehörenden Konsumvorlieben. Die Anpassung des Angebotes geschieht entsprechend schnell durch Modernisierungen, da zwischen den derzeitigen Einnahmen und den zu erwartenden Profiten große Differenzen bestehen, welche die einkommensstarken Haushalte bereitwillig zahlen.[249] Diese Ursachenerklärung ist in der Lage Akteure, Kapitalbewegungen und individuelle Interessen einzubeziehen und kann deshalb relativ genau beschreiben, wann wo, warum und durch wen Gentrifizierungsprozesse auftreten.

---

247 Vgl.: Bröcker 2013, S. 44–45.

248 Vgl.: Krajewski 2006, S. 47.

249 Vgl.: Friedrichs 1996, S. 26–27.

3 Berlin als Forschungsgebiet

3.1 Zur Entwicklung Berlins seit der Wiedervereinigung

Eine detaillierte Betrachtung der Geschichte Berlins erscheint für die Arbeit wenig hilfreich, weshalb in diesem Kapitel vor allem auf bauliche, wirtschaftliche und soziale Transformationen, mit Schwerpunkt auf den Wohnraum, seit der Wiedervereinigung im Jahr 1990 eingegangen wird. Stattdessen wird die Geschichte der beiden zu untersuchenden Ortsteile im Detail beschrieben.

West-Berlin gehörte staatsrechtlich nicht zur Bundesrepublik Deutschland, sondern war bis zur Wiedervereinigung 1990 eine Exklave, in der alle bundesdeutschen Gesetze vom Abgeordnetenhaus gesondert verabschiedet und von den Alliierten bestätigt werden mussten. Die Entwicklungsmöglichkeiten von West-Berlin waren daher und durch große Kriegszerstörungen, Abwanderung von Industrie, Gewerbe und Finanzwesen, Verlust aller bundespolitischen Institutionen und unsichere Verkehrswege durch Blockade und Mauerbau extrem eingeschränkt. Die Finanzierung der Stadt erfolgte zur Hälfte durch den Bundeshaushalt.[250]

West-Berlin verfügte über einen überdurchschnittlichen großen Anteil von Beschäftigten im öffentlichen Dienst und Beamten. Auch war bis zur Wiedervereinigung der Anteil an Angestellten im produzierenden Gewerbe relativ hoch. Dies deutet auf staatlich subventionierte Arbeitsplätze hin. Der Anteil an Angestellten im Banken- und Versicherungswesen war in Berlin dagegen sehr gering, besonders verglichen mit Frankfurt am Main oder München. Dies hing auch damit zusammen, dass nur sehr wenige große Konzerne ihren Firmensitz in Berlin hatten. Der Anteil an Personen mit gut bezahlten Berufen, zum Beispiel Rechtsanwälte oder Architekten, stieg in Berlin nach 1989 jedoch rasant an.[251]

Nach der Wiedervereinigung stand Berlin unter großem Erwartungsdruck, man erwartete eine Entwicklung zur Global City mit über 6 Millionen Einwohnern. Der Wegfall der staatlichen Subventionen, sowie sich ändernde wirtschaftliche Bedürfnisse sorgten jedoch für den Kollaps des produzierenden Gewerbes in Berlin nach der Wiedervereinigung. Die Arbeitslosenzahl stieg daraufhin stark an, im Sommer 1999 wurde eine Quote von 17,6% erreicht. Vor allem bereits benachteiligte Gruppen wie Alleinerziehende und Ausländer litten stark darunter. Dies sorgte für die Entstehung von Problemgebieten nahe der Innenstadt, vor allem im

---

250 Vgl.: Häußermann; Kapphan 2002b, S. 72–81.

251 Callies 1995, S. 95–105.

ehemaligen Westteil der Stadt. Hierzu zählten auch Teile von Wedding und Moabit.[252] Auch die Beschäftigtenstruktur in der Stadt änderte sich gravierend: Der Anteil von Angestellten im produzierenden Gewerbe an den Beschäftigten in Berlin lag 1989 noch über 30 Prozent, im Jahr 2004 waren es nur noch rund 15 Prozent. Der Anteil an Angestellten im Dienstleistungs- und Finanzsektor wuchs dagegen seit der Wiedervereinigung stark an (siehe Tab. 6).

Dementsprechend litt auch der Wohnungsmarkt der Stadt: Viele Bewohner der Mittelschichten, sogenannte ‚stabile Haushalte', zogen in Einfamilienhäuser an den Stadtrand, was durch die abgeschottete Lage und die fehlenden Bauflächen West-Berlins zuvor nicht möglich war. Durch Suburbanisierung und allgemein hohe Mobilität der Bevölkerung verlor Berlin viele Einwohner, es gab ein Überangebot an Wohnraum. Auch nahmen Tendenzen der Segregation zu, besonders Migranten konzentrierten sich in wenigen Gebieten Berlins. Es kam zudem zu einer Phase der Desinvestition im Westteil der Stadt, da Sanierungen im ehemaligen Ost-Berlin dringlicher erschienen. So entstand in einigen Gebieten eine Negativspirale.[253]

---

252 Vgl.: Schnur 2003, S. 165.

253 Vgl.: Schnur 2003, S. 165.

Tab. 6 – Erwerbstätige nach Wirtschaftsbereichen 1989–2004

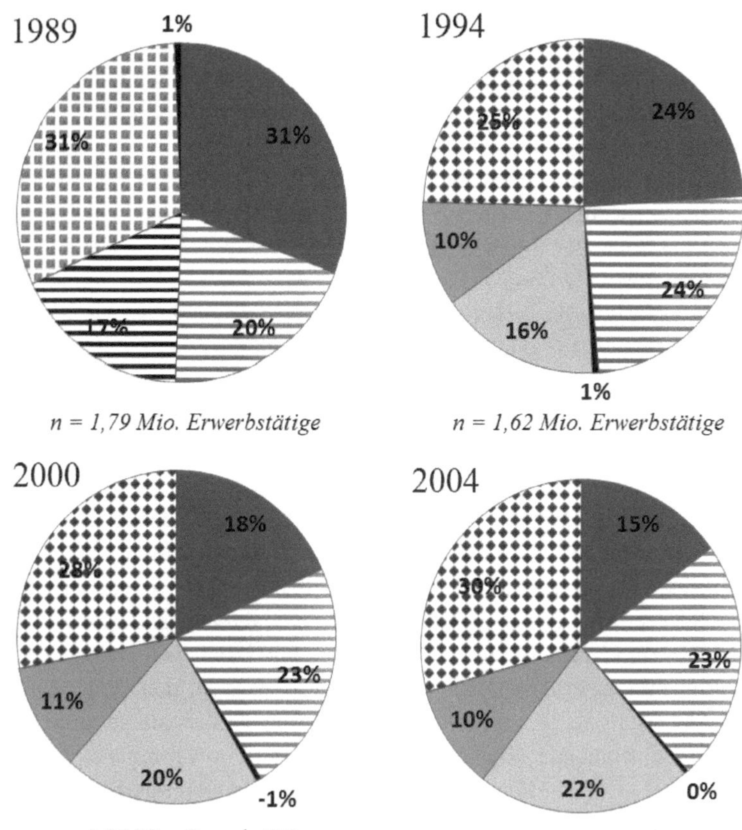

n = 1,79 Mio. Erwerbstätige

n = 1,62 Mio. Erwerbstätige

n = 1,56 Mio. Erwerbstätige

n = 1,53 Mio. Erwerbstätige

- Produzierendes Gewerbe
- Handel, Gastgewerbe und Verkehr
- Dienstleistungsunternehmen
- Öffentliche Verwaltung, Private Haushalte und Organisationen ohne Erwerbszweck
- Land- und Forstwirtschaft
- Finanzwesen, Immobilien und Unternehmensdienstleistung
- Öffentliche Verwaltung
- Private und öffentliche Dienstleistung ohne öffentliche Verwaltung

Quelle: Krajewski 2006, S. 84.

Die Stadt Berlin besaß 1991 circa 480.000 Wohnungen, die auf 19 kommunale Wohnungsbaugesellschaften aufgeteilt waren, was 28% des gesamten Wohnungsbestandes der Stadt entsprach. Durch den Entfall von Subventionierungen, die Berlin während des kalten Kriegs erhielt, durch anhaltende Suburbanisierung und Schrumpfen der Stadt erreichte Berlin einen Schuldenstand von 23 Milliarden Mark im Jahr 1995 mit steigender Tendenz. Die Stadt verkaufte deshalb zwei Wohnungsbaugesellschaften – die GEHAG und die GSW– und wies die anderen Gesellschaften an, Teile des Bestandes zu veräußern, wobei sich nicht oft an die Vorgabe gehalten wurde, bestehende Mieter als Käufer zu bevorzugen. Im Jahr 2008 besaß die Stadt Berlin nur noch rund 15,8% des Wohnungsbestandes der Stadt, der kommunale Wohnungsbestand wurde also fast halbiert. Die meisten Wohnungen wurden als ganze Blöcke an Finanzinvestoren verkauft. Diese mussten pro Wohnung weniger zahlen, weil sie viele auf einmal kauften. So konnten sie hohe Gewinn erziele. In den frühen 2000er Jahren waren Investoren mit entsprechendem Kapital außerdem auf der Suche nach neuen Wertanlagen, was zeitlich gut zusammenpasste.[254]

Weiterhin zog sich Berlins Regierung im Jahr 1998 aus den staatlich geförderten Wohnungsbauprogrammen zurück, weil der Stadt das Geld dazu fehlte. Der Anteil des Sozialwohnungsbestands am gesamten Wohnungsbestand von Berlin verringerte sich von 16% in 1998 auf nur noch 11% in 2007.[255] Berlin ist traditionell eine Mieterstadt. Von ungefähr 1,9 Millionen Wohnungen im Jahr 2013 wurden 85 Prozent von Haushalten zur Miete bewohnt. Davon gehörten allerdings nur 11,5 Prozent Genossenschaften und weitere 17 Prozent den landeseigenen Wohnungsbaugesellschaften, wobei sich diese Bestände über die gesamte Stadt verteilen. Die zunehmende Privatisierung von Wohnraum war einer der Hauptgründe für stark steigende Mieten in der Stadt.[256] Zudem waren Reurbanisierungstendenzen mit Konzentration auf die Berliner Altbauquartiere in der Nähe der Innenstadt seit den 1990er Jahren zu verzeichnen.[257]

Die Mietpreise sind allein zwischen 2012 und 2013 um sechs Prozent gestiegen, die Kaufpreise sogar um 8,5 Prozent. Ursächlich für die starken Preisanstiege ist vor allem die Tatsache, dass die Miet- und Grundstückspreise, sowie die Lebenshaltungskosten in Berlin bisher vergleichsweise niedrig waren. Diese korrespondierten jedoch mit einem bundesweit eher unterdurchschnittlichen Pro-Kopf-

254 Vgl.: Uffer 2014, S. 66–68.

255 Vgl.: Uffer 2014, S. 64.

256 Vgl.: Plate; Polinna; Tonndorf 2014, S. 291.

257 Vgl.: Bröcker 2013, S. 49–53.

Einkommen. Im Zuge der zunehmenden Reurbanisierung und der dadurch steigenden Nachfrage wurden Immobilien auch zu Anlageobjekten und gerieten in das Visier von Mittelschichten und Investoren. Dies ließ die Preise in Berlin ansteigen.[258]

Seit den späten 2000er Jahren haben jedoch fast alle Gebiete Berlins eine Aufwertung ihrer Sozialstruktur erfahren. Allgemein ist die Arbeitslosenquote, sowie die Quote von Beziehern von Transferleistungen rückläufig. Die Quartiere, die bisher über einen sehr guten Sozialindex verfügten, liegen im innerstädtischen Vergleich weiterhin vorn, die sozial schwächeren Gebiete sind ebenfalls die gleichen, wie vor einigen Jahren. Somit kann ein Fahrstuhleffekt in ganz Berlin vermutet werden, in dessen Verlauf die Sozialstruktur der Stadt eine Aufwertung erfuhr.[259]

Der Wohnungsleerstand, den es noch Anfang der 1990er Jahre gab, ist durch vermehrten Zuzug nach Berlin mittlerweile aufgebraucht. Deshalb ist die Mietentwicklung seit den 2000er Jahren sehr viel stärker und die Mietbelastung für Haushalte mit kleinem und mittlerem Einkommen wird immer größer. Durch den fehlenden Wohnungsleerstand können diese Haushalte allerdings in Zukunft nicht mehr in andere, günstigere Gebiete ausweichen. Vor allem im unteren Preissegment nehmen die Mieten stark zu. Der Druck auf dem Wohnungsmarkt nimmt entsprechend in ganz Berlin zu und die Verbesserung der Sozialstruktur in der Stadt führt nicht zu einer Verbesserung der Situation vieler Haushalte.[260]

3.2 Die Stadtteile Wedding und Moabit – Begründung der Auswahl

Die Ortsteile Wedding (siehe Karte 1) und Moabit (siehe Karte 2) von Berlin sind alte Arbeiterbezirke Berlins und verfügen somit über eine relativ große Zahl an ehemaligen Mietskasernenstrukturen aus der Gründerzeit, welche heute aufgrund ihrer großzügig geschnittenen Räume und hohen Decken, sowie oftmals verzierten Fassaden sehr beliebt sind. Besonders die großen, multifunktionalen Räume sind für viele alternative Haushaltstypen, wie zum Beispiel Single-Haushalte, Wohngemeinschaften, Paare ohne Kinder oder Patchwork-Familien interessant,

---

258 Vgl.: Plate; Polinna; Tonndorf 2014, S. 293.

259 Vgl.: Holm 2014, S. 279–280.

260 Vgl.: Bouali; Gude 2014, S. 46–47.

da diese gegenüber den monofunktionalen Wohnungstypen mehr Freiraum bieten.[261] In Berlin wurde zur Gründerzeit, Ende des 19. Jahrhunderts, eine soziale Mischung in den Mietskasernen propagiert, wo die vorderen Wohneinheiten meist an Unternehmer gingen, die dazu noch Landeflächen mieten konnten, während die Wohnungen im Hinterhof und Seitenflügel meist den ärmeren Haushalten vorbehalten waren. Der ständige Kontakt der vielen verschiedenen Klassen (die Schichtung der Haushalte geschah auch nach Stockwerkshöhe) sollte Konflikte zwischen ihnen verringern. Begründer dieser Idee war James Hobrecht, der für den Stadterweiterungsplan in Berlin ab 1866 zuständig war. Diese soziale Mischung zwischen Vorder- und Hinterhaus ist in einigen Altbau-Quartieren in Berlin immer noch zu finden und weltweit einzigartig, allerdings sind die sozialen Unterschiede heutzutage weniger groß, da die Wohnungen mittlerweile oft angepasst wurden.[262]

Von besonderem Interesse für diese Arbeit sind die beiden Ortsteile Wedding und Moabit, da sie fortwährend als künftige Kandidaten für bevorstehende Gentrifizierungsprozesse gehandelt werden, wobei Bewohner und Experten diese beiden Orte gleichermaßen als gefährdet sehen.[263] Auch in dem von Andrej Holm, einem wissenschaftlichen Mitarbeiter der Humboldt-Universität zu Berlin, betriebenen Gentrification-Blog werden regelmäßig Beiträge über Wedding und Moabit verfasst.[264]

In Gesprächen mit der ansässigen Bevölkerung wurde auch deutlich, dass ein subjektiv gefühlter Gentrifizierungsprozess bereits eingesetzt habe, wobei dies häufig mit offensichtlichen Veränderungen, wie der Eröffnung eines Bio-Supermarktes oder neuen Cafés, sowie mit Mietpreissteigerungen begründet wurde. Da erstere Argumente jedoch keine tatsächlichen Indikatoren einer Gentrifizierung, sondern lediglich Vorurteile zu den mit diesem Prozess einhergehenden Entwicklungen sind, scheint eine genauere Überprüfung angebracht.

Weiterhin begann die Gentrificationforschung in Deutschland zwar schon gegen Ende der 1980er Jahre, Vorreiter waren und sind Soziologen wie Blasius, Dangschat und Friedrichs, die das Bild der deutschen Forschung bis heute prägen und erste deutschsprachige Definitionen aufstellten. Schwerpunkte der Forschung

261 Vgl.: Häußermann; Siebel 2000b, S. 15–17.

262 Vgl.: Häußermann; Siebel 2000a, S. 122–124.

263 Vgl.: Bröcker 2013, S. 53.

264 Vgl.: Holm, Andrej – Gentrification-Blog, online verfügbar unter: https://gentrification-blog.wordpress.com, letzter Stand: 10.06.2016.

waren allerdings hauptsächlich Frankfurt am Main, Köln, Hamburg und München, oft auch weil diese Forscher an Instituten in diesen Städten arbeiteten. Nach der Wiedervereinigung begann Mitte der 1990er Jahre auch die Forschung in ostdeutschen Städten wie Leipzig, Dresden, Erfurt, Halle und Ost-Berlin. Dies führten jedoch zu einer Nichtbeachtung der, und somit auch zu einer Desinvestitionspolitik in den, westberliner Stadtteilen.[265] Deshalb gelten Ortsteile wie Moabit und Wedding nicht nur als die Verlierer der Wiedervereinigung in Berlin, sondern auch der Forschung. Denn verglichen mit ostberliner Stadtteilen wie Prenzlauer Berg wurden diese kaum beachtet und stellen somit eine Forschungslücke dar, die mit dieser Arbeit geschlossen werden soll.

Bis zum 31.12.2000 gehörte der Ortsteil Moabit zum Bezirk Tiergarten, während Wedding ein eigener Bezirk war. Mit der Bezirksgebietsreform im Jahr 2001 wurden Moabit und Wedding Ortsteile des neuen Hauptstadtbezirks Mitte, zusammen mit den ehemaligen Stadtteilen Gesundbrunnen, Hansaviertel, Tiergarten Süd und Mitte. Die neue Bezirkszugehörigkeit wird von vielen Bewohnern als künstlich wahrgenommen.[266]

In den 1990er Jahren war in den westlichen Innenstadtquartieren Berlins eine große Mobilität und Fluktuation der Bevölkerung zu verzeichnen. Besonders Familien und Erwerbstätige verließen die Gebiete, hinzu zogen vor allem ärmere Bevölkerungsgruppen, Arbeitslose und Migranten. Dies führte vielerorts zu einer problematischen Sozialstruktur. Gepaart mit einer Desinvestitionspolitik, da viele Gelder in die östlichen Stadtteile flossen und einem schlechten Arbeitsmarkt führte dies zu einer Manifestierung vieler Viertel als Problemgebiete. Diese Spirale wurde durch die sich ändernde öffentliche Wahrnehmung und den nun vermehrten Fortzug stabiler Bevölkerungsgruppen noch verstärkt.

Eines der bekanntesten Problemgebiete Berlins mit sehr hoher Arbeitslosigkeit war der Wedding (siehe Karte 1). Zwar hat sich dieser Ruf bis heute teilweise gehalten, seit einigen Jahren sind jedoch deutliche Verbesserungen zu verzeichnen, was die Vermutung einer bevorstehenden Gentrifizierung verstärkt. Ob es sich tatsächlich, wie von vielen vermutet, um Gentrifizierungstendenzen handelt, oder sich der Ortsteil lediglich dem Durchschnitt Berlins annähert, soll diese Arbeit aufzeigen.

---

265 Vgl.: Bröcker 2013, S. 26–27.

266 Vgl.: Schnur 2003, S. 129–131.

Karte 1 – Der Ortsteil Wedding von Berlin

Stadtplan von Wedding, Quelle: Wikipedia, online verfügbar unter: https://upload.wikimedia.org/wikipedia/commons/3/3c/Berlin-Wedding_Karte.png, letzter Stand: 08.06.2016.

Moabit (siehe Karte 2) verfügt, nach Auffassung seiner Bewohner, über ein spezielles, in Berlin einzigartiges Milieu. Dieses beinhaltet eine Mischung aus Tradition und Moderne, aus Berliner- und Migrantenkultur, Provinzialismus, Subkultur, Zivilgesellschaft und Bürgertum, ohne dass dabei eine einheitliche Szene entsteht, wie in Kreuzberg. Moabit sei deshalb in doppelter Hinsicht eine Insel: Milieuspezifisch und auch durch städtebauliche und landschaftliche Grenzen – Kanäle und Flüsse begrenzen das Territorium.[267]

Die Wiedervereinigung Berlins beförderte Wedding und Moabit aus einer Randlage im Westteil der Stadt in die direkte Nähe der Innenstadt und des neuen Regierungsbezirkes, welcher errichtet wurde. Vor allem Moabit, so dachten viele, könne von der Nachbarschaft zum neuen politischen Zentrum Deutschlands profitieren, zudem wurde stark in Infrastruktur investiert. Es gab entsprechende Er-

[267] Vgl.: Schnur 2003, S. 129–131.

wartungen, dass sich der Immobilienmarkt ähnlich entwickeln würde, wie im damaligen Bezirk Mitte oder in Prenzlauer Berg, doch der große Aufschwung blieb aus. Im Gegenteil, lange galt Moabit als eines der Problemgebiete Berlins, mit sehr hoher Arbeitslosigkeit, einer sehr großen Zahl an Ausländern und maroder Gebäudestruktur. Inwiefern sich dieser in Berlin einzigartige Ortsteil mehr als 25 Jahre nach der Wiedervereinigung im Aufschwung befindet, soll in dieser Arbeit untersucht werden.

Karte 2 – Der Ortsteil Moabit von Berlin

Stadtplan von Moabit, Quelle: Wikipedia, online verfügbar unter: https://upload.wikimedia.org/wikipedia/commons/7/73/Berlin-Moabit_Karte.png, letzter Stand: 08.06.2016.

Beide Ortsteile haben eine Geschichte und einen Ruf als ehemalige Problemgebiete Berlins, wobei dies in einzelnen Kiezen der Ortsteile, wie dem Beussel-Kiez in Moabit oder der Soldiner Straße in Wedding, immer noch der Fall ist. Als Hilfe zur Selbsthilfe wurden dort verschiedene Quartiersmanagements durch die Stadtverwaltung ins Leben gerufen, welche die Bewohner der Problemgebiete bei der Instandsetzung und Verschönerung der Quartiere unterstützen soll. Die eigenständige Verbesserung der Wohnsituation ist allerdings ein Prozess des Incumbent

Upgrading und somit keine Gentrifizierung, was voneinander abgegrenzt werden muss.[268]

Ein weiterer Faktor, der zur Auswahl der beiden Ortsteile als Untersuchungsbiete geführt hat, waren die bisherigen Wanderungsbewegungen von Gentrifizierungs- und Pionierphasen in den Innenstadtbezirken von Berlin (siehe Karte 3).

Karte 3 – Wanderung der Pionierphasen der Gentrifizierung in Berlin

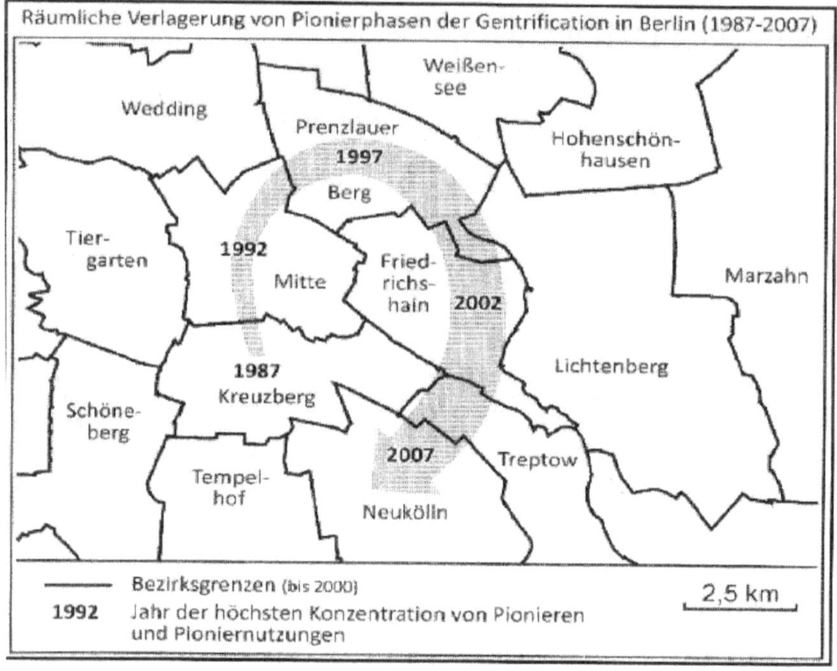

Quelle: Bröcker 2013, S. 50.

Da sich diese im Uhrzeigersinn bereits durch fast alle Stadtteile der Innenstadt bewegt haben, durch einige möglicherweise bereits zweifach, liegt die Vermutung nahe, dass sich diese Wanderung zunehmend auf innenstadtnahe Stadtteile konzentrieren wird, welche etwas weiter am Rand liegen und bisher noch nicht von Gentrifizierungsprozessen betroffen sind. Im nordwestlichen Teil des inneren Rings von Berlin sind dies Moabit, hier dargestellt im Altbezirk Tiergarten und

268 Vgl.: Dangschat 1988, S. 274.

Wedding, wobei vor allem Moabit eine geographische Nähe zum Regierungsviertel und zum Potsdamer Platz aufweist.

Zusammenfassend sprechen folgende Gründe für die Auswahl der Ortsteile Wedding und Moabit als Untersuchungsgebiete:

- Die attraktive Gebäudestruktur der Altbauten
- Die Erwartungshaltung von Experten, Bewohnern und auch Investoren zu Aufwertungen in den Gebieten
- Bisherige Desinvestitionspolitiken in Wedding und Moabit
- Die subjektiv wahrgenommenen Veränderungen in den Gebieten
- Nichtbeachtung der Gebiete in der Forschung
- Veränderungen der Sozialstruktur, Verbesserungen der sozialen Lage
- Bisherige Wanderungen von Pionierphasen durch die Berliner Innenstadt
- Eventuelle andere Transformationsprozesse, welche mit Gentrifizierungsprozessen verwechselt werden

Entsprechend sind für die Untersuchungsgebiete Wedding und Moabit drei Szenarien denkbar: Einerseits ein Gentrifizierungsprozess, bei dem ärmere Haushalte aus den Gebieten verdrängt werden, andererseits ein durch die Quartiersmanagements initiiertes Incumbent Upgrading, also eine Verbesserung der Wohnsituation durch die Bewohner selbst ohne Veränderung der Sozialstrukturen und somit eine Angleichung an die durchschnittlichen Verhältnisse in Berlin. Das dritte denkbare Szenario ist die Beibehaltung der bisher schwierigen sozialen Verhältnisse und somit das Dasein als Problemgebiete in Berlin. Auch die Widerlegung einer Gentrifizierung in Moabit und Wedding wäre als Forschungserfolg zu betrachten.

3.3 Die Geschichte des Ortsteils Wedding

Der Berliner Wedding existierte als dörfliche Gemeinde vermutlich schon lange Zeit, bevor sie im Jahre 1251 als Dorf „Weddinge“[269] zum ersten Mal urkundlich erwähnt wurde. Das Gebiet bestand aus Wald und Ackerland, das Dorf wurde, da sich die Dörfer Berlin und Cölln schneller entwickelten, bald wieder verlassen. Bis zum 19. Jahrhundert gab es kaum nennenswerte Interaktionen des Dorfes Weddinge mit Berlin, lediglich einige wohlhabende Berliner Bürger besaßen in

[269] Bezirksamt Mitte – Die Geschichte des Bezirks Mitte, Mittelalterliche Siedlungen, online verfügbar unter: https://www.berlin.de/ba-mitte/ueber-den-bezirk/historisches/geschichte/, letzter Stand: 12.05.2016.

dem Gebiet Landflächen. Genutzt wurden diese meist zur Viehhaltung oder Holzgewinnung.[270]

Im Jahr 1601 wurde der Weddinghof zur Versorgung des kurfürstlichen Hofs angelegt, dieser war der erste Siedlungskern des heutigen Bezirks Wedding. Einhundert Jahre später ließ Friedrich I den Fluss Panke aufstauen und mit Kanälen ausbauen, um die Schifffahrt zwischen zwei seiner Schlösser zu ermöglichen. Dies begünstigte auch die Ansiedlung von Gewerbe und Industrie.[271] Als sich durch die voranschreitende Industrialisierung erste Betriebe in Außenbezirken und auch außerhalb von Berlin selbst ansiedelten, wurde auch Wedding plötzlich interessant für Fabrikanten. So ließ sich im Jahr 1823 der erste Maschinenbaubetrieb dort nieder. In diesem Zeitraum lebten ca. 1.500 Menschen in dem Gebiet.[272]

Wie bei der Ansiedlung von Industrie üblich, wuchs die Gemeinde in Folge dessen schnell an, 1861 hatte der Wedding, der ein Jahr zuvor zu Berlin eingemeindet wurde, schon 10.700 Einwohner. Spätestens mit der Eingemeindung setzte ein starker Entwicklungsschub im Bezirk Wedding ein. Es eröffneten verschiedene Fabriken, auch Gewerbe siedelte sich an. Besonders Gastronomie, Theater, Brauereien und andere Freizeitbeschäftigungen waren, rund um den Gesundbrunnen und in der Bad- und Müllerstraße gebaut, bei den Berlinern sehr beliebt. Neben den Wohnhäusern entstanden so auch Grünflächen und ein Freibad, was die Lebensqualität im Vergleich zu anderen Arbeiterbezirken wie Kreuzberg steigerte.[273] Allgemein waren die sozialen Verhältnisse jedoch schlecht. Verschiedene wohltätige Organisationen versuchten, dies zu ändern, indem sie Parks, Krankenhäuser und vergleichsweise komfortable Wohnungen bauten.[274]

Gegen Ende des 19. Jahrhunderts fand eine starke Bebauung des Bezirks statt, vorrangig mit den zu der Zeit üblichen Mietskasernen und Wohnblöcken mit drei bis fünf Stockwerken. Bereits bestehende Wohnhäuser wurden angepasst. Bei den Bauarbeiten war hohes Tempo gefordert, wodurch die Gebäude sehr einfach gestaltet waren, meist ohne Toilette innerhalb der Wohnungen. Dieser Umstand

---

270 Vgl.: Bezirksamt Mitte - Die Geschichte des Bezirks Mitte, Mittelalterliche Siedlungen, online verfügbar unter: https://www.berlin.de/ba-mitte/ueber-den-bezirk/historisches/geschichte/, letzter Stand: 12.05.2016.

271 Vgl.: Bezirksamt Mitte - Geschichte des Bezirks Mitte, Das Umland, online verfügbar unter: https://www.berlin.de/ba-mitte/ueber-den-bezirk/historisches/geschichte/, letzter Stand: 12.05.2016.

272 Vgl.: Dettmer, 1988, S. 45–48.

273 Vgl.: Dettmer 1988, S. 50–54.

274 Vgl.: Bezirksamt Mitte - Die Geschichte des Bezirks Mitte, Hauptstadt des Kaiserreichs, online verfügbar unter: https://www.berlin.de/ba-mitte/ueber-den-bezirk/historisches/geschichte/, letzter Stand: 12.05.2016.

sorgte dafür, dass die Mietpreise im Wedding, im Vergleich mit anderen Berliner Bezirken, sehr gering waren. Dies nutzten viele Arbeiter und Mittellose und zogen in diesen Stadtteil. Im Jahr 1917 hatte der Wedding ungefähr 337.100 Einwohner.[275]

Die Zeit der Weimarer Republik, bekannt als „Die Goldenen Zwanziger Jahre“[276], war nur kulturell von Wohlstand geprägt. Tatsächlich waren, durch Hyperinflation und Arbeitslosigkeit, viele Arbeiter im Bezirk von Armut betroffen. Die Arbeitslosenquote war im Wedding von allen Bezirken am höchsten. 1920 wurden die verschiedenen Städte, Stadtteile und Gemeinden im Berliner Umland zu Groß-Berlin zusammengefasst. Zu den neu entstandenen 20 Verwaltungsbezirken zählte auch der Wedding. Der Arbeiterbezirk wurde im Laufe der 1920er Jahre zu einer Hochburg für linke Parteien, was zur Bezeichnung *Roter Wedding* führte. Mit dem Erstarken der NSDAP gab es regelmäßig Straßenkämpfe zwischen Anhängern verfeindeter Parteien.[277]

Die Zäsur des Dritten Reichs ging auch am Berliner Wedding nicht spurlos vorbei, es kam zu Deportationen und Schikane der Anhänger linker Parteien, sowie von Juden. Das jüdische Krankenhaus wurde zu einem Sammellager für Häftlinge, die in Konzentrationslager geschickt wurden. Durch den Zweiten Weltkrieg kam es zu verheerenden Bombardements durch alliierte Flugzeuge.[278]

Nach dem Zweiten Weltkrieg sah sich der Bezirk mit einem hohen Grad von Zerstörung, besonders von Wohnhäusern, konfrontiert. Ungefähr 40 Prozent der Gebäude waren teilweise oder völlig zerstört worden. Grund dafür waren die zahlreichen metallverarbeitenden Betriebe im Bezirk, welche Ziele von alliierten Luftangriffen waren. Was von diesen noch übrig war, wurde von den sowjetischen Besatzern meist demontiert. Zusätzlich zu zerstörten Wohnhäusern war somit auch die Produktion im Wedding stark eingeschränkt, Arbeitsplätze sind verloren gegangen. Junge, arbeitswillige Menschen zogen deshalb in andere Bezirke. Im Jahr 1950 war die Einwohnerzahl deshalb auf 243.400 gesunken.[279]

---

[275] Vgl.: Dettmer 1988, S. 24–28.

[276] Bezirksamt Mitte - Die Geschichte des Bezirks Mitte, Die Weimarer Republik, online verfügbar unter: https://www.berlin.de/ba-mitte/ueber-den-bezirk/historisches/geschich-te/, letzter Stand: 12.05.2016.

[277] Vgl.: Bezirksamt Mitte – Die Geschichte des Bezirks Mitte, Die Weimarer Republik, online verfügbar unter: https://www.berlin.de/ba-mitte/ueber-den-bezirk/historisches/geschichte/, letzter Stand: 12.05.2016.

[278] Vgl.: Bezirksamt Mitte – Die Geschichte des Bezirks Mitte, Die Zeit des Nationalsozialismus, online verfügbar unter: https://www.berlin.de/ba-mitte/ueber-den-bezirk/historisches/geschichte/, letzter Stand: 12.05.2016.

[279] Vgl.: Dettmer 1988, S. 34–37.

Mit dem Bau der Berliner Mauer rückte der Wedding in eine Randlage West-Berlins. Die unsichere politische und wirtschaftliche Lage veranlasste noch mehr Menschen dazu, den Bezirk zu verlassen. 1966 lebten noch 198.500 Menschen im Wedding. Der Bezirk wurde, ebenso wie Berlin-Kreuzberg, bekannt für eine hohe Zahl von Rentnern, die in den weiterhin günstigen, aber sehr einfachen Wohnungen lebten. Der Fortzug einer großen Zahl von Menschen sorgte jedoch auch für einen großen Wohnungsleerstand, dem vom Bezirksamt durch die Sanierung großer Gebiete begegnet wurde. Der in den 1970er und 80er Jahren stattfindende Sanierungsprozess – einer der Größten in Berlin – ließ die Miet- und Bodenpreise zwar steigen, verbesserte allerdings auch die Lebensumstände im Bezirk deutlich.[280]

In die verbliebenen günstigen Wohnungen zogen seit den 1960er Jahren vermehrt Gastarbeiter und Migranten, wodurch der Ausländeranteil im Wedding relativ hoch war. Diese brachten, neben ihrer Kultur, auch oft neue kleinere Gewerbe in den Bezirk, wodurch der Wedding sehr viel lebendiger wurde.

Mit der Wiedervereinigung rückte Wedding in eine innenstadtnahe Lage zurück, die Abwanderung stabiler Haushalte nahm durch die nun mögliche Suburbanisierung jedoch noch zu, gleichzeitig zogen benachteiligte Haushalte in das Gebiet, wodurch die sie soziale Lage im Bezirk teilweise prekär war. Seit der Bezirksreform im Jahr 2001 gehört der Wedding zum Berliner Bezirk Mitte, das Gebiet Gesundbrunnen bildet seitdem einen eigenen Ortsteil im Bezirk, soll jedoch zum Zwecke der Vergleichbarkeit in dieser Arbeit zu Wedding zugehörig betrachtet werden.[281]

3.4 Die Geschichte des Ortsteils Moabit

Erste Siedlungen gab es im Gebiet des heutigen Moabit bereits im 13. Jahrhundert an der heutigen Stromstraße, welche aber für die aufstrebenden Städte Berlin und Cölln aufgegeben wurden. Berlin okkupierte die Gebiete zwischen den Rehbergen, die heute im Wedding liegen und Teilen der Spree, die heute in Moabit liegen, für Ackerbau und Viehzucht und als Brennholzreservoir. Das Gebiet wurde als „Kämmereiheide" bezeichnet. Um 1650 begannen Berlin und Cölln ihre Stadterweiterungen. 1655 zog der Kurfürst Friedrich Wilhelm in den südlichen Teil der

280 Vgl.: Dettmer 1988, S. 38–39.

281 Vgl.: Bezirksamt Mitte – Die Geschichte des Bezirks Mitte, Der Bezirk heute, online verfügbar unter: https://www.berlin.de/ba-mitte/ueber-den-bezirk/historisches/geschichte/, letzter Stand: 12.05.2016.

Kämmereiheide, den heutigen kleinen Tiergarten. Dieser wurde auch als Jagdrevier vom Kurfürst verwendet.[282]

Durch die Peuplierungspolitik von Friedrich Wilhelm I im 18. Jahrhundert wurden Flächen für Bevölkerung benötigt, wodurch in Moabit erste Wohngebiete entstanden. Auch militärische Nutzungen wie eine Pulverfabrik kamen nach Moabit. Französischen Glaubensflüchtlingen wurden Gebiete zur Kultivierung von Maulbeeren zur Seidenraupenzucht übergeben, weshalb behauptet wird, Moabit habe eine Tradition in Sachen Migration. Daher rührt unter Umständen auch der Name Moabit: Moabiter Land (la terre de moab) sei möglicherweise eine Anspielung auf alttestamentarisches Vertreibungsschicksal der Moabiter des Toten Meeres. Andererseits symbolisiert die biblische Wortbedeutung auch ein unfruchtbares, wüstes Land, eine Erklärung die ebenfalls Sinn ergeben könnte, da sich die Zucht der Pflanzen schwierig gestaltete, weshalb die Hugenotten ihre Geschäfte ausweiteten.[283]

Durch das Wachsen von Berlin wurden die Brennholzvorräte knapp, weshalb die Forste gerodet wurden und daraufhin eine Parzellisierung von Moabit durchgeführt wurde. Die Gebäude- und Bewohnerstrukturen waren sehr heterogen, es gab kleine Anwesen, große, alteingesessene Clans und Landwirtschaft.[284] Das Jahr 1832 markierte die geschichtliche Wende Moabits zum Produktionsstandort. Ein Unternehmer errichtete eine Porzellanmanufaktur in Moabit, welche bis 1880 Bestand hatte. Zeitgleich entstanden Chemie-Fabriken, 1836 kamen eine Maschinenbauanstalt und ein Kreditinstitut des Staates Preußen hinzu. Ab 1840 galt Moabit als günstiger Ausweichstandort für große Betriebe, bereits vorhandene Infrastruktur und Gewerbe galten dabei als Multiplikatoren.[285] Moabit hatte gute Standortfaktoren: Große, günstige, verfügbare Flächen, wichtige Verkehrsanbindungen und Landachsen, sowie die Nähe zur Spree, welche allerdings erst gegen Ende des 19. Jahrhunderts kanalisiert und damit effektiv schiffbar wurde. Die funktionsräumliche Aufteilung der Stadt mit Industrie und Gewerbe am Spreeufer blieb bis heute erhalten, hinzu kamen Fabrikantenvillen, die das Stadtbild prägten und teilweise noch heute zu finden sind. Teilweise gehen kleinere Parks in Moabit auf die Gärten dieser Villen zurück.[286]

---

[282] Vgl.: Schnur 2003, S. 131–133.

[283] Vgl.: Schnur 2003, S. 132–134.

[284] Vgl.: Schnur 2003, S. 133–135.

[285] Vgl.: Bezirksamt Mitte – Die Geschichte des Bezirks Mitte, Industrialisierung, online verfügbar unter: https://www.berlin.de/ba-mitte/ueber-den-bezirk/historisches/geschichte/, letzter Stand: 12.05.2016.

[286] Vgl.: Schnur 2003, S. 135–136.

Mit dem Beginn der Amtszeit von König Wilhelm I im Jahr 1861 wurde Moabit zu Berlin eingemeindet.[287] Ungefähr zur gleichen Zeit setzte in der Region die Hochphase der Industrialisierung ein, in Moabit entstanden viele Betriebe der Nahrungsmittelproduktion, da die Nachfrage nach Lebensmitteln durch die größere Bevölkerung anstieg, während sich die Schwerindustrie teilweise aus dem Stadtteil zurückzog. Alte Fabriken wurden abgerissen und durch Mietskasernen ersetzt, womit erste Spekulationen mit Grundstücken in Moabit auftraten.[288] Die Einwohnerzahlen stiegen rasant an: Während 1820 in Moabit nur 247 Menschen wohnten, waren es 1858 bereits knapp 10.000 und 1910 schon rund 190.000 Einwohner.[289]

Moabit hatte einen großen Anteil an Nutzung von Militär und Justiz. Während das Militär mittlerweile aus dem Viertel verschwunden ist, wurde die Justiz sogar noch weiter gestärkt. Die deshalb große Dichte an Staatsbediensteten führte auch zum Bau von Wohnungen mit besserer Ausstattung, vor allem in der Lehrter Straße. Auch die Fassaden grenzten sich äußerlich deutlich zu den Mietskasernen ab – bis heute.[290] Der südliche Teil Moabits war dagegen fast ausschließlich von Industrie belegt. Die Veränderung der Industrie- und Gewerbestruktur verursachte ebenfalls einen Wandel der Sozialstruktur, einerseits zogen viele gering qualifizierte Industriearbeiter nach Moabit, andererseits viele Beamte und Offiziere, wodurch das Gebiet heterogen, aber polarisiert war.[291]

In dieser Phase der Entwicklung bildete sich auch die für Moabit bis heute charakteristische Kiez-Struktur heraus. Als Kiez wird in Berlin dabei der Ort bezeichnet an dem man zu Hause ist, wodurch sich die Wortbedeutung klar von der typischen Hamburger Bedeutung der Vergnügungsmeile abgrenzt. Die ursprüngliche Wortbedeutung von Kiez meine den Ort, an dem die Fischer wohnten.[292] Die in der Geschichte und auch heute bedeutsamsten Kieze von Moabit sind der Beussel-

[287] Vgl.: Bezirksamt Mitte – Die Geschichte des Bezirks Mitte, Industrialisierung, online verfügbar unter: https://www.berlin.de/ba-mitte/ueber-den-bezirk/historisches/geschichte/, letzter Stand: 12.05.2016.

[288] Vgl.: Schnur 2003, S. 138–142.

[289] Vgl.: Bezirksamt Mitte – Die Geschichte des Bezirks Mitte, Industrialisierung, online verfügbar unter: https://www.berlin.de/ba-mitte/ueber-den-bezirk/historisches/geschichte/, letzter Stand: 12.05.2016.

[290] Vgl.: Schnur 2003, S. 147–148.

[291] Vgl.: Schnur 2003, S. 151.

[292] Vgl.: Schnur 2003, S. 119–123.

Kiez, der Stephan-Kiez, der Lehrter-Kiez und das Westfälische Viertel. Jedes dieser Gebiete hat eigene historische und kulturelle Charakteristika, mit denen sich ihre Bewohner identifizieren, was den Zusammenhalt untereinander stärkt.

Karte 4 – Die Kiezstrukturen in Berlin Moabit

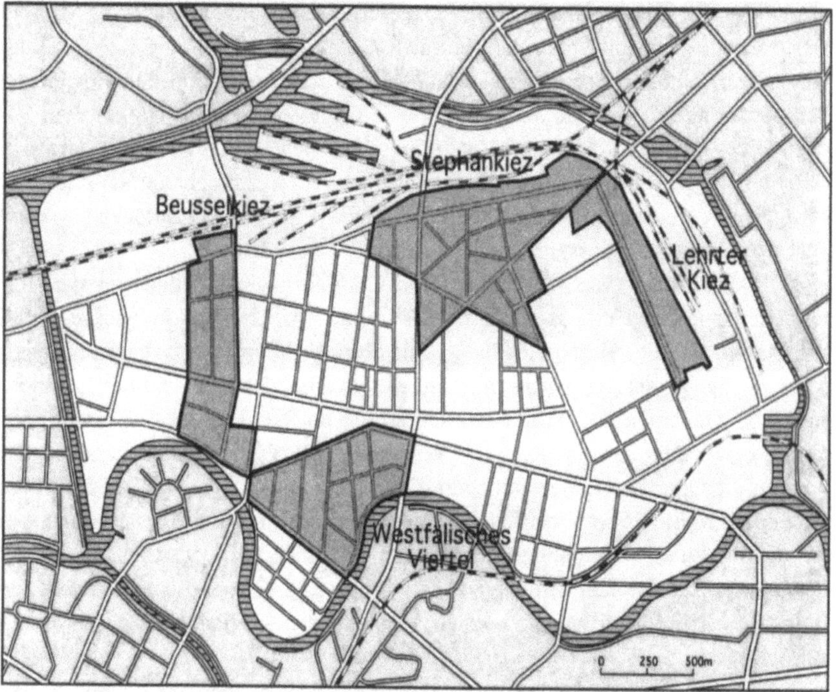

Kiezstrukturen in Moabit, Quelle: Schnur 2003, S. 139.

Mit dem Beginn der Epoche der Weimarer Republik begann auch die Phase des sozialen Wohnungs- und Städtebaus in Berlin. In Moabit fand eine Entmilitarisierung statt. Die Weltwirtschaftskrise 1929 führte in Moabit zu hoher Arbeitslosigkeit und Depression, was zu einer Destabilisierung der Nachbarschaften führte. Diese wurde durch die NS-Zeit und deren Rassenlehre weiter verschärft. In den Arbeiterkiezen, welche als sozialistisch geprägt galten, war der Widerstand gegen die Diktatur relativ groß.

Die Mischung in den Moabiter Kiezen verschwand durch die Unterdrückung der NS-Herrschaft teilweise. Da in Moabit viele Rüstungsfabriken ansässig waren und das Viertel infrastrukturell gut angebunden war, vor allem durch die Eisenbahn, wurde es während des Zweiten Weltkriegs stark bombardiert. Auch viele Wohnhäuser wurden dabei schwer beschädigt.[293]

Nach dem Krieg stand der schnelle Wiederaufbau im Vordergrund, zerstörte Sozialstrukturen waren höchstens zweitrangig. Die städtebauliche und infrastrukturelle Funktionalität sollte schnell wiederhergestellt werden. Durch die Teilung Berlins rückte Moabit von einer zentralen Lage der Stadt in eine Randlage der westlichen Sektoren, also in die Peripherie der Westhälfte Berlins. Die Zerstörung der Bebauung ermöglichte aber auch Verbesserungen der Wohnsituation in Sachen Dichte, Durchlüftung und Versorgung mit Licht. Auch Neubauten wurden errichtet. Trotzdem blieb Moabit dicht besiedelt, vor allem der Beussel-Kiez galt als mit am dichtesten besiedelt in Berlin. Zuvor bestehende Baulücken wurden deshalb schnell geschlossen.[294]

Teile von Moabit, wie der Stephan-Kiez und Lehrter-Kiez, litten sehr stark unter dem Mauerbau 1961, da sie vorher Ost-orientiert waren und ihnen nun, durch die Etablierung des Kurfürstendamms als Kern der City-West, die Kundschaft fehlte.[295] Es gab selektive Abwanderung von stabilen Haushalten und Zuwanderung von Studenten und Migranten. Durch die im Vergleich zum Beussel-Kiez geringere Kriegszerstörung lief der Wiederaufbau zwar etwas schneller, dafür wurden die Quartiere später vernachlässigt. Viele Wohnungen blieben bis in die 1960er Jahre hinein im Vorkriegszustand. Eine geplante Flächensanierung, bei der die Altbauten hätten abgerissen werden sollen, entfiel wegen fehlender Gelder. Durch Rezessionen in den 1970er Jahren schlossen viele noch bestehende Industriebetriebe im Moabiter Westen, wodurch die Arbeitslosigkeit im Ortsteil stark anstieg.[296]

Die Wiedervereinigung im Jahr 1990 brachte gemischte Ergebnisse für Moabit. Die sozioökonomische Situation in Berlin war in den 1980er Jahren schwierig und verschlechterte sich nach der Wiedervereinigung teilweise weiter, da die meisten Investitionen nun im ehemaligen Ostteil der Stadt getätigt wurden. Moabit rückte allerdings plötzlich wieder in eine innenstadtnahe Lage zurück und

---

293 Vgl.: Schnur 2003, S. 154–155.

294 Vgl.: Schnur 2003, S. 155–157.

295 Vgl.: Bezirksamt Mitte – Die Geschichte des Bezirks Mitte, Die Berliner Mauer, online verfügbar unter: https://www.berlin.de/ba-mitte/ueber-den-bezirk/historisches/geschichte/, letzter Stand: 12.05.2016.

296 Vgl.: Schnur 2003, S. 157–158.

wurde durch die Ansiedlung des neuen Regierungsbezirks in direkter Nähe und gute Verkehrsanbindungen für zukünftige Investitionen interessant.[297]

Die sozioökonomische und städtebauliche Situation der einzelnen Kieze in Moabit hing stark mit deren individuellen historischen Kontexten zusammen. So galt der Beussel-Kiez als dringend sanierungsbedürftig und sehr arm, da er ein klassischer Arbeiterkiez war. Dagegen galt das Westfälische Viertel, wie schon immer in seiner Geschichte, als gehobener Kiez in Moabit, was durch die nun unmittelbare Nähe zum neuen Regierungsbezirk gefördert wurde. Die Kieze in Moabit sind historisch-kulturell konstituiert und legitimiert, nicht künstlich geschaffen.[298]

Generell galt Moabit in den 1990er Jahren als Problemgebiet mit hoher Arbeitslosigkeit, hoher Fluktuation stabiler Haushalte, selektiver Zu- und Abwanderung und einem großen Anteil von Bewohnern mit Migrationshintergrund. Moabit weist noch immer eine relativ gemischte Nutzungsstruktur aus Industrie, Dienstleistung und Wohnen auf. Das Quartier hat eine Tradition als Arbeiterwohnort und das Image eines Problemviertels, mit Ausnahme des Südens. Es gibt ökonomische und soziale Restrukturierung mit Aufwertungen im Süden und Abwanderung/Stagnation im Norden, sowie die Persistenz ärmerer Haushalte und Migration. Somit scheint Moabit heute segregiert.[299]

Moabit wurde durch die Wiedervereinigung in Berlin rezentralisiert, von einer Mauerrandlage zu einer City-Randlage in unmittelbarer Nähe zum neuen Regierungsbezirk und am neuen Hauptbahnhof. Dies verursacht einen zunehmenden Entwicklungsdruck in Moabit. Zudem ist das Gebiet räumlich gut abzugrenzen und weist eine relativ große Kiez-Differenzierung auf.[300] Seit der Bezirksreform im Jahr 2001 gehört Moabit zum Berliner Bezirk Mitte.[301]

[297] Vgl.: Schnur 2003, S. 164.

[298] Vgl.: Schnur 2003, S. 181–182.

[299] Vgl.: Schnur 2003, S. 170–172.

[300] Vgl.: Schnur 2003, S. 119–123.

[301] Vgl.: Bezirksamt Mitte – Die Geschichte des Bezirks Mitte, Der Bezirk heute, online verfügbar unter: https://www.berlin.de/ba-mitte/ueber-den-bezirk/historisches/geschichte/, letzter Stand: 12.05.2016.

4 Gentrifizierung in den Berliner Stadtteilen Wedding und Moabit – Versuch eines Nachweises

4.1 Vorgehen und Methode

Ziel der Arbeit ist es, eventuelle Gentrifizierungsprozesse in den Ortsteilen Wedding und Moabit nachweisen oder widerlegen zu können und die Gebiete entsprechend in eine Phase des Phasenmodells der Gentrifizierung einzuordnen. Hierfür müssen statistisch messbare Merkmale bestimmt werden, welche typische Entwicklungen und Veränderungen in gentrifizierten Gebieten beschreiben. Diese Merkmale werden den Indikatoren der Gentrifizierung, welche in Dimensionen der Aufwertung unterteilt sind, zugeordnet.

Es folgt der Vergleich der Merkmale über einen Zeitraum von ungefähr 20 Jahren, je nach Datenlage. Die dafür benötigten Daten sollen durch die Auswertung verschiedener Statistiken der Ämter Berlins, Mietspiegel, Sozialstudien, Wohnmarktreporte und Quartiersuntersuchungen gesammelt werden. Historische und geographische Besonderheiten werden dabei einbezogen. Eventuelle Aufwertungsentwicklungen in den Untersuchungsgebieten können Anhand des Vergleichs der Daten nachgewiesen werden. Die Menge der Indikatoren sollte dabei groß genug sein, um unterschiedliche Gentrifizierungsverläufe abdecken zu können, gleichzeitig nicht so groß, dass der Arbeitsaufwand unübersichtlich wird. Auch ist es notwendig, die Entwicklungen in einen Kontext zum Bezirk oder der gesamten Stadt zu setzen, da besonders in Berlin eine Welle an Aufwertungsprozessen seit der Wiedervereinigung eingesetzt hat.

Die unterschiedlichen Ausprägungen und Intensitäten der Indikatoren lassen im Anschluss möglicherweise einen Rückschluss auf den Fortschritt eines Gentrifizierungsprozesses und somit eine Einordnung in das Phasenmodell der Gentrifizierung zu. Hierfür ist es nicht notwendig, dass jeder einzelne Indikator nachgewiesen wird. Da jeder Gentrifizierungsprozess unterschiedlich verlaufen kann[302] und die Datenlage für die Untersuchungsgebiete, vor allem wegen der Bezirksreform von 2001, teilweise schwierig ist, kann auch eine geringere Zahl von Indikatoren als Beleg für eine Gentrifizierung hinreichend sein.

[302] Vgl.: Bröcker 2013, S. 30.

4.2 Indikatoren der Gentrifizierung

Für einen Nachweis von Gentrifizierungsprozessen und die anschließende Einordnung eines Untersuchungsgebietes in eine Phase des Phasenmodells der Gentrifizierung, ist eine genaue Festlegung von zu untersuchenden Indikatoren notwendig. Da eines der Hauptmerkmale der Gentrifizierung, die Verdrängung von Teilen der Bevölkerung, kaum messbar ist, liegt der Schwerpunkt der in dieser Arbeit gewählten Indikatoren auf dem zweiten Hauptmerkmal, der Aufwertung.[303]

Die Indikatoren der Aufwertung sollen in dieser Arbeit in drei, anstelle von vier Dimensionen unterteilt werden: Baulich, sozial und funktional-symbolisch, wobei die Meta-Ebene der symbolischen Aufwertung in die funktionale Aufwertung einbezogen wird.[304]

Die Indikatoren der Gentrifizierung in dieser Arbeit wurden zum größten Teil übernommen aus dem Werk „Metropolen im Wandel" von Katharina Bröcker, da diese bereits umfassend und übersichtlich die entscheidenden Merkmale der Aufwertung aufgelistet hat. Teilweise werden ihre Indikatoren allerdings erweitert, ausgespart oder angepasst, da hier noch Raum für Verbesserung gesehen wird. Bröcker hat sich dabei an der Analyse zweier Gebiete von Berlin von Christian Krajewski orientiert.[305]

Die bauliche Dimension der Aufwertung

- Die Bausubstanz: Das Alter und die Bauart von Wohngebäuden, der Renovierungsbedarf, die Lage der Wohnung in Bezug auf die Innenstadt, Veränderungen in der Anzahl modernisierter Wohnungen im Gebiet
- Die Wohnungsausstattung: Die Art der Beheizung, der Ausbau mit Innentoiletten und Bad, der Sanierungsstand, eventuelle Luxussanierungen
- Die Wohnungsgröße: Die Quadratmeterzahl pro Wohnung im Durchschnitt, Die Quadratmeterzahl Pro-Kopf, Nachfrage nach bestimmten Wohnungsgrößen
- Die Mietpreise: Die Entwicklung des Mietpreises im Gebiet über einen bestimmten Zeitraum und im Vergleich mit der gesamtstädtischen Situation

303 Vgl.: Krajewski 2006, S. 302–308.

304 Vgl.: Bröcker 2013, S. 80–82.

305 Vgl.: Bröcker 2013, S. 79.

- Der Mietzins: Der prozentuale Anteil der Mietkosten am Haushaltseinkommen, auch als Wohnungskostenquote bezeichnet
- Der Wohnungsmarkt: Preise für (Eigentums-)Wohnungen und Grundstücke vor und nach der Sanierung, Angebot und Nachfrage, Investoren und Eigentümer von Außerhalb
- Die Umwandlung in Eigentumswohnungen: Der jeweilige Prozentsatz von Eigentums- und Mietwohnungen im Gebiet[306]
- Die Bereitstellung öffentlicher Mittel: Förderung des Wohnungsbaus durch öffentliche Gelder, Ausweisung von Sanierungsgebieten, steuerliche Abschreibungen für Investoren
- Die Neubauaktivität: Große Neubauprojekte, vor allem im oberen Preissegment[307]

Die soziale Dimension der Aufwertung

- Die demographische Bevölkerungsentwicklung: Das durchschnittliche Alter der Bevölkerung, Prozentsätze bestimmter Altersgruppen, Anhäufung bestimmter Altersgruppen im Gebiet
- Die Fort- und Zuzüge: Die Mobilität der Bevölkerung, der Austausch der Bevölkerung über einen Zeitraum, Rückschlüsse auf Neuvermietungen
- Der Ausländeranteil: Die Anteile von Ausländern an der Bevölkerung als Hinweis auf eine sich ändernde Sozialstruktur und steigende Preise
- Der soziale Status: Veränderungen im Haushalts- und Pro-Kopf-Einkommen der Bevölkerung, Unterteilung in Gruppen, Häufung von Gruppen in bestimmten Gebieten
- Die Bildung: Die Anteile der Bevölkerung mit Berufsausbildung, Abitur und Hochschulabschluss als Rückschluss auf Gruppen der *Pioniere* und *Gentrifier*
- Die Arbeitslosenquote: Entwicklung der durchschnittlichen Arbeitslosigkeit als Rückschluss auf einen Bevölkerungsaustausch und/oder Entwicklungen am Arbeitsmarkt im Gebiet

---

306 Vgl.: Bröcker 2013, S. 80–81.

307 Vgl.: Krajewski 2006, S. 302.

- Die Haushaltsgröße: Anzahl an Personen pro Haushalt, Kinderzahlen im Haushalt, neue Familienkonzepte, Rückschluss auf Lebensstile und Sozialstatus[308]
- *Lebensstile: Änderung der Nutzung von Infrastruktur, Dienstleistung und Gewerbe durch veränderte Ansprüche*
- *Verdrängung: Durch hohe Kosten und Druck wird die angestammte Bevölkerung ausgetauscht, es folgen wohlhabendere Nachmieter, die höhere Preise zahlen*

Die funktional-symbolische Dimension der Aufwertung

- Die Infrastruktur: Der Ausbau des Straßennetzes, die Anbindung an öffentliche Verkehrsmittel, das Vorhandensein von Kindergärten
- Das Gewerbe: Die Zahl der An- und Abmeldungen von Gewerbe, Wandel von Produktion zu Dienstleistung und Gastronomie, Ansiedlung großer, bekannter Marken und teilweise Homogenisierung des innerstädtischen Einzelhandels
- Dienstleistung: Die Anpassung der vorhandenen Dienstleistung an neue Bedürfnisse, weiterer Ausbau der Dienstleistungsbranche
- Kultureinrichtungen: Etablierung einer Szene im Bezirk, Eröffnung von Boutiquen und Ateliers und anderen modernen Gewerbekonzepten
- Hotels: Eine steigende Zahl an Hotels, Hostels und Unterkünften mit hoher Belegungsquote als Hinweis auf Imagewandel und eine *Touristification*
- Das Image: Die Wahrnehmung des Bezirks auch außerhalb der Stadtgrenzen als lebendig und attraktiv, reiche Geschichte des Gebiets
- Die Medienwahrnehmung: Verbreitung des neuen Images durch populäre Medien, Bekanntmachung der sich ändernden Verhältnisse
- soziale Widerstände: Maßnahmen gegen Verdrängung, Proteste der angestammten Bevölkerung gegen steigende Preise und neue Mieter, teilweise auch Übergriffe auf bestimmte Gruppen, Hausbesetzungen[309]

---

308 Vgl.: Bröcker 2013, S. 81–82.

309 Vgl.: Bröcker 2013, S. 82.

Die Indikatoren *Lebensstile* und *Verdrängung* sind nicht anhand statistischer Merkmale nachweisbar und sollen daher nicht direkt herangezogen werden, sondern als Produkt verschiedener anderer Transformationsprozesse gesehen werden. So ist Verdrängung erkennbar durch eine, im Vergleich zum Rest der Stadt, große Veränderung der Sozialstruktur bei gleichzeitig hoher Fluktuation der Bewohner im Gebiet. Lebensstile sind vor allem durch veränderte Konsummuster erkennbar. Beide Indikatoren lassen sich lediglich vermuten, jedoch kaum nachweisen.

4.3 Berlin Wedding

4.3.1 Daten zur baulichen Dimension der Aufwertung

Berlin Wedding befand sich zu Zeiten der Teilung Berlins in einer Randlage des Westsektors und litt unter großer Fluktuation, vor allem von besser situierten Haushalten. Da die Altbaustruktur teils heruntergekommen war und es viel Leerstand gab, waren die Mietpreise vergleichsweise niedrig und es zogen vermehrt benachteiligte Bevölkerungsgruppen, vor allem Ausländer in das Gebiet.

Tab. 7 – Mietpreise in Berlin Wedding 2006

PLZ	Durchschnitt Kaltmiete aller Segmente in €/m²/Monat	Durchschnitt Wohnungs-größe in m²	Durchschnitt Haushalts-einkommen in €/Monat	Wohnungskosten-quote anhand der Warmmiete in %
13347	4,77	73,5	1.261	40,7
13349	5,03	67,8	1.494	32,9
13351	4,85	62,9	1.484	30,0
13353	4,93	70,2	1.414	35,5
13355	4,66	74,6	1.352	38,0
13357	4,90	74,1	1.229	42,9
13359	4,77	68,3	1.181	40,4
Berlin	**5,96**	**73,3**	**1.808**	**33,0**

Quelle: GSW-Wohnmarktreport 2007.

Noch im Jahr 2006 lagen die durchschnittlichen Kaltmieten pro Quadratmeter im Wedding deutlich unter dem Durchschnitt von Berlin und waren bis zu 22 Prozent niedriger. In vielen Postleitzahlgebieten in Wedding war die durchschnittliche Wohnungsgröße kleiner als der Berliner Durchschnitt, jedoch größer als in einigen anderen innenstadtnahen Gebieten. Auffällig sind dabei die teils großen Unterschiede zwischen den Postleitzahlgebieten. So waren die Wohnungen mit der Postleitzahl 13351 durchschnittlich nur 62,9qm² groß, während im Postleitzahlgebiet 13355 mit 74,6qm² durchschnittlich fast 12 Quadratmeter mehr zur Verfügung standen. Besonders in diesen Gebieten waren viele Gastarbeiterfamilien zu finden, welche oft mehrere Kinder hatten und auf größeren Wohnraum angewiesen waren.

Besonders groß fällt der Unterschied des durchschnittlichen Haushaltseinkommens im Vergleich mit dem Rest Berlins aus. Die räumliche Konzentration vieler benachteiligter Haushalte führte zu einer extrem niedrigen Finanzkraft der Bewohner im Ortsteil, weshalb der Mietzins, trotz der sehr niedrigen Mieten, fast überall über dem Durschnitt von Berlin lag. Auf die sozialen Auswirkungen des niedrigen Haushaltseinkommens wird im nächsten Kapitel eingegangen.

Tab. 8 – Mietpreise in Berlin Wedding 2013

PLZ	Durchschnitt Kaltmiete aller Segmente in €/m²/Monat	Durchschnitt Wohnungsgröße in m²	Durchschnitt Kaufkraft pro Haushalt in €/Monat	Wohnungskostenquote anhand der Warmmiete in %
13347	7,55	59	2.764	21,9
13349	7,00	58	2.307	24,4
13351	7,50	54	2.384	23,0
13353	7,76	56	2.558	22,9
13355	6,94	54	2.758	19,1
13357	6,80	59	2.804	19,9
13359	7,24	61	2.488	24,3
Berlin	**8,02**	**72**	**2.851**	**26,6**

Quelle: GSW-Wohnmarktreport 2014.

Zwischen den Jahren 2006 und 2013 sind die Mietpreise in Wedding zwar gestiegen, lagen allerdings weiterhin unter dem Durchschnitt Berlins und vereinzelt, mit 6,80€/qm², noch immer rund 16 Prozent unter dem für Berlin üblichen Preis. Dies bedeutete auch, dass weiterhin benachteiligte Haushalte angezogen wurden. Die durchschnittliche Kaufkraft pro Haushalt lag im Jahr 2013 jedoch näher am Berliner Durschnitt als noch 2006, die finanzielle Situation im Gebiet hat sich entsprechend gebessert. Die weiterhin niedrigen Mietpreise in Kombination mit einer gestiegenen Kaufkraft ließen die Wohnkostenquote, also den Anteil der Miete am Haushaltseinkommen, stark fallen. Diese lag in allen Postleitzahlgebieten in Wedding deutlich unter dem Durschnitt von Berlin und betrug teils nur knapp über 19 Prozent. Somit war Wohnraum in Berlin Wedding sehr günstig für die Bewohner des Gebiets.

Im gleichen Zeitraum sank die durchschnittliche Wohnungsgröße in allen Gebieten Weddings sehr stark. Zwar gab es einen allgemeinen Trend in Berlin zu kleineren Wohnungen, in der Hauptstadt verringerte sich die durchschnittliche Wohnungsgröße jedoch nur um 1,3m² in diesen sieben Jahren, während es im Postleitzahlgebiet 13355 über 20m² weniger gewesen sein sollen. Dies könnte nur durch umfangreiche, wenn nicht allumfassende Umbaumaßnahmen im Gebiet erklärt werden. Wahrscheinlicher ist dagegen, dass die Messungen im GSW-Wohnmarktreport sehr ungenau waren. So wurden im Bericht von 2007 nur 56 Wohnungen im Gebiet erfasst, im Bericht von 2014 dagegen 175 Wohnungen. Zwar ist trotzdem von einer deutlichen Abnahme der durchschnittlichen Wohnungsgröße auszugehen, diese fiel jedoch vermutlich weniger drastisch aus, als es auf den ersten Blick scheint. Grundrissveränderungen in Wedding, verbunden mit Umbaumaßnahmen an Altbauten, sind allerdings denkbar und könnten zusätzlich zu dieser Verzerrung beigetragen haben.

Tab. 9 – Mietpreise in Berlin Wedding 2015

PLZ	Durchschnitt Kaltmiete aller Segmente in €/m²/Monat	Durchschnitt Wohnungsgröße in m²	Durchschnitt Kaufkraft pro Haushalt in €/Monat	Wohnungskostenquote anhand der Warmmiete in %
13347	9,09	58	2.589	26,5
13349	8,24	58	2.381	26,9
13351	8,50	56	2.411	26,3
13353	8,83	55	2.357	27,1
13355	8,00	62	2.512	26,9
13357	8,86	57	2.587	25,8
13359	8,20	58	2.379	27,1
Berlin	**8,99**	**70**	**2.971**	**27,2**

Quelle: CBRE-GmbH; Berlin Hyp Ag – Hyp-Wohnmarktreport 2016.

Auch im Jahr 2015 lagen die durchschnittlichen Mietpreise in Wedding noch unter dem Durschnitt Berlins, wobei dieser innerhalb von nur zwei Jahren um fast einen Euro angestiegen ist. Lediglich das Postleitzahlgebiet 13347 lag nun leicht über dem Durchschnitt. Es kann von einer weiteren Annäherung des Weddings an den Berliner Durchschnitt in den nächsten Jahren ausgegangen werden, möglicherweise sogar von einem Anstieg über diesen hinaus. Dieser starke Anstieg hänge auch damit zusammen, dass der bisherige Leerstand im Quartier mittlerweile aufgebraucht sei.[310]

Die durchschnittliche Kaufkraft pro Haushalt ging zwischen 2013 und 2015 stark zurück, was auf steigende Kosten, vor allem steigende Mietpreise in Wedding, zurückzuführen sei. Die Kaufkraft beschreibt dabei das verfügbare Einkommen eines Haushaltes nach dem Abzug wiederkehrender Kosten. Der Mietzins in Wedding ist entsprechend stark angestiegen. Lag dieser 2013 in den meisten Postleitzahlgebieten noch relativ weit unter dem Berliner Durchschnitt, hatte er sich 2015 an diesen angenähert und lag in allen Gebieten nur noch leicht darunter. Der

[310] Vgl.: CBRE GmbH; Berlin Hyp Ag – Wohnmarktreport 2015, S. 9.

Wedding kann somit zwar immer noch als kostengünstiger innenstadtnaher Ortsteil in Berlin betrachtet werden, doch die finanziell eher schwache Bewohnerschaft leidet unter den steigenden Preisen.

Die durchschnittliche Wohnungsgröße in Wedding nahm in den meisten Postleitzahlgebieten noch etwas weiter ab, in einigen stieg sie jedoch wieder an, was ein Zeichen für Umbaumaßnahmen und Wohnungszusammenlegungen im Rahmen von Modernisierungsarbeiten sein könnte. Wie bereits zuvor sind jedoch auch ungenaue Messungen möglich. Ungefähr 97 Prozent der Wohnlagen in Wedding galten im Jahr 2012 als ‚Einfache Wohnlagen', wozu oft auch eine hohe Lärmbelästigung kam.[311] Entsprechend ist die Gebäudestruktur zwar attraktiv, allerdings weniger deren Lage. Ein Teil der Lärmbelästigung, vor allem im nördlichen Wedding, kommt auch von Flugzeugen, welche den Flughafen Berlin Tegel ansteuern oder verlassen. Dieser befindet sich dicht am Ortsteil. Da die Schließung des Flughafens Tegel geplant ist und durchgeführt wird, sobald der, durch seine enorme Verzögerung bekannte, neue Hauptstadtflughafen BER eröffnet wird, ist eine Aufwertung der Wohnlage zu erwarten. Entsprechend steigt der Investitionsdruck im Wedding womöglich an, da die Gewinnerwartungen nach der Schließung des nahen Flughafens groß sind.

Die Neubauaktivität fällt im Wedding eher gering aus. Die Senatsverwaltung für Stadtentwicklung und Umwelt erwähnt keine geplanten oder laufenden Maßnahmen in Wedding. Ein Bezirksregionenprofil des Bezirksamts Mitte von Berlin erwähnt im zentralen Wedding, also dem Gebiet um die Seestraße, Müllerstraße und dem Leopoldplatz, lediglich die Sanierung einer Bibliothek, einer Gesamtschule nach Denkmalschutzvorgaben und des Leopoldplatzes selbst. Dieses Gebiet umfasst allein rund 53.000 Einwohner. Dem Ortsteil scheint es jedoch auch an Freiflächen für entsprechende Neubauprojekte zu mangeln. Die bisher eher unterdurchschnittlichen Mietpreise und eine teils problematische Sozialstruktur machen das Gebiet für Großinvestitionen in den Neubau von Miet- oder Eigentumswohnungen bisher uninteressant.[312]

Wahrscheinlicher ist der zunehmende Verkauf einzelner Altbauten an Investoren und Immobilienfonds, welche anschließend Modernisierungen durchführen. Die Abwicklung dieser Verkäufe wird durch Unternehmen wie die Immomanie real estate GmbH durchgeführt. Diese erwähnt mehrere verkaufte

---

311 Vgl.: Fis-Broker, LOR-Daten 2012, online verfügbar unter: http://fbinter.stadt-berlin.de/fb/index.jsp, letzter Stand: 22.06.2016.

312 Vgl.: Gold; Seels; Bothe 2014, S. 8, 43.

Gebäude im Ortsteil Wedding als Referenzen, wobei diese vornehmlich an Investoren im Ausland und Immobilienfirmen verkauft wurden. Hierbei werden eine zentrale Lage und ein buntes, urbanes Umfeld beworben. Die positiven Aspekte Weddings werden somit herausgegriffen und für Werbezwecke verwendet.[313]

Genaue Angaben zu Renovierungsarbeiten im Wedding konnten nicht gefunden werden. Bei einer Gebietsbegehung konnten keine auffälligen Baumaßnahmen festgesellt werden. Allgemein zeigte sich die Bausubstanz in Wedding in einem akzeptablen Zustand. Dies ist damit zu erklären, dass bereits in den 1970er und 1980er Jahren große Teile des Gebiets saniert wurden, wodurch die meisten Wohnungen über Vollausstattung verfügen. Viele dieser sanierten Wohnungen, vor allem im Humboldthain, gehören landeseigenen Wohnungsbaugesellschaften, weshalb die Mietpreise dort relativ niedrig sind und weniger stark ansteigen.[314] Die äußere Gebäudestruktur im Gebiet scheint weitgehend unverändert seit den letzten Sanierungen, beziehungsweise sogar seit dem Wiederaufbau nach dem Zweiten Weltkrieg. Die Altbaustrukturen blieben gut erhalten und werden nur selten durch Neubauten durchbrochen. Gut illustriert wird dies durch mehrere Gebäude an der Seestraße, Ecke Müllerstraße. Das linke Bild ist eine Aufnahme aus den 1950er Jahren, das rechte Bild eine eigene Aufnahme vom Mai 2016. Zwar wurden die Gebäude modernisiert, ihre Grundstruktur ist jedoch noch gut erkennbar und hat sich kaum verändert.

313 Vgl.: Immomanie real estate GmbH - Referenzen, online verfügbar unter: http://immomanie.com/verkaufte-liegenschaften.html?page_n168=2, letzter Stand: 02.07.2016.

314 Vgl.: CBRE GmbH; Berlin Hyp Ag - Wohnmarktreport 2015, S. 33.

Gebäude an der Seestraße, Ecke Müllerstraße in Berlin Wedding, Oben: Bild um 1950, Quelle: Schmiedecke 2005, S. 120.; Unten: Eigene Aufnahme vom 23.05.2016.

Diese Altbaustrukturen, typisch für die Mietskasernenstrukturen in Arbeiterbezirken Berlins, machen den Wedding attraktiv für viele Personen, die eine individuelle Wohnung nahe der Berliner Innenstadt suchen. Die Mietpreisanstiege sind zwar höher als im gesamtstädtischen Mittel, es handelt sich beim Wedding aber trotzdem um ein eher günstiges innenstadtnahes Gebiet mit überwiegend finanzschwacher Bevölkerung. Investoren benötigen entsprechend eine gewisse Risikofreude.[315] Die teilweise vorhandenen Neubauten sind vermutlich weder für Investoren, noch für Mieter mit ausreichenden Geldmitteln attraktiv und weisen entsprechend einen sehr niedrigen Standard und eine benachteiligte Bewohnerschaft auf.

Heruntergekommener Plattenbau in der Brunnenstraße, Quelle: Eigene Aufnahme vom 23.05.2016.

Generell gibt es in Wedding ein starkes Nord-Süd-Gefälle, was die Qualität des, und die Nachfrage nach Wohnraum angeht. Der innenstadtnahe Süden Weddings kann besser von den Aufwertungen im angrenzenden Ortsteil Mitte profitieren, wo der Wohnraum mittlerweile sehr teuer und knapp ist.[316]

Bis voraussichtlich 2017 soll im benachbarten Ortsteil Mitte die neue Zentrale des Bundesnachrichtendienstes (BND) eröffnet werden. Ungefähr 4.000 Arbeitsplätze entstehen, beziehungsweise werden aus anderen Standorten nach Berlin verlegt.[317] Dies birgt auch Aufwertungspotenziale für Wedding, da der Wohnraum in Mitte, wie bereits beschrieben, stark begrenzt ist. Zwar gibt es im Zuge des BND-Neubaus einige private Wohnungsbrauprojekte, diese können jedoch

---

315 Vgl.: CBRE GmbH; Berlin Hyp Ag – Wohnmarktreport 2016, S. 43.

316 Vgl.: Investitionsbank Berlin 2011, S. 76–79.

317 Vgl.: Bundesnachrichtendienst – Neubau der Zentrale, online verfügbar unter: http://www.bnd.bund.de/DE/Organisation/Neubau_der_Zentrale/neubau_der_zentrale_node.html, letzter Stand: 04.07.2016.

nur einen Bruchteil des benötigten Wohnraums bereitstellen.[318] Eine steigende Nachfrage in angrenzenden Wohngebieten im südlichen Wedding, wie zum Beispiel am Sparrplatz, aber auch in Moabit, ist deshalb denkbar.

4.3.2 Daten zur sozialen Dimension der Aufwertung

Berlin Wedding hatte lange Zeit den Ruf als Armenhaus Berlins inne, wo sogenannte ‚A-Gruppen' leben - Arbeitslose, Alte, Arme, Ausländer, Alleinerziehende. Dementsprechend galten viele Quartiere im damaligen Bezirk Wedding als Problemgebiete. Um einigen der Probleme zu begegnen, die durch die schwierige Sozialstruktur entstanden sind, wurden ab 1999 in insgesamt fünf Quartieren in Wedding Quartiersmanagements eingerichtet, welche die Bewohner aktivieren sollen, um sie an der Weiterentwicklung ihrer Kieze teilhaben zu lassen. So sollen die betroffenen Gebiete stabilisiert und die negativen Folgen der Konzentration von benachteiligten Haushalten eingeschränkt werden.[319]

Tab. 10 – Einwohner, Ausländeranteil und Wohnungen im Bezirk Wedding

Jahr	Einwohner	Ausländer total und in Prozent	Wohnungen
1985	135.300	28.833 – 21,3%	92.029
1990	161.700	37.324 – 23,1%	82.895
1995	168.890	45.428 – 26,9%	84.024
2000	159.080	47.770 – 30,0%	85.537

Quelle: Statistisches Landesamt Berlin – Statistische Jahrbücher 1985, 1990, 1995, 2000.

Auffällig war, vor allem in den Jahren nach der Wiedervereinigung, der starke Anstieg des Ausländeranteils, gleichzeitig aber auch ein Anstieg der Bevölkerung allgemein, was in anderen innenstadtnahen Stadtteilen Westberlins nicht die Regel war. Die Einwohnerzahl nahm gegen Ende der 1990er Jahre jedoch wieder ab, während die Zahl der Ausländer in Wedding weiter stieg, wodurch diese einen Anteil von 30 Prozent im Jahr 2000 erreichten. Der Bezirk hatte relativ viele große Altbauwohnungen, welche durch sehr günstige Mietpreise besonders attraktiv für Gastarbeiter, Migranten und deren Familien waren. Die niedrigen Mieten zogen auch andere Benachteiligte an.

[318] Vgl.: Senatsverwaltung für Stadtentwicklung und Umwelt – Private Bauvorhaben im Plangebiet, online verfügbar unter: http://www.stadtentwicklung.berlin.de/planen/staedtebauprojekte/bnd/de/realisierung/private_bauvorhaben/index.shtml, letzter Stand: 04.07.2016.

[319] Vgl.: Quartiersmanagement Berlin, online verfügbar unter: http://www.quartiersmanagement-berlin.de, letzter Stand: 05.07.2016.

Die Zahl der Wohnungen im Bezirk nahm nach der Wiedervereinigung stark ab, um fast 10.000 Einheiten. Die Gründe hierfür sind unbekannt, es kann jedoch von einem vorhergehenden Leerstand ausgegangen werden, da sich der Wedding in einer Randlage Westberlins befand und somit nicht als attraktive Wohngegend galt. Durch den relativ starken Zuzug in den 1990er Jahren wurde neuer Wohnraum benötigt, weshalb es im Jahr 2000 wieder 85.537 Wohnungen im Gebiet gab.

Tab. 11 – Sozialstruktur in Wedding 1996

Gebiet (Statistisches Gebiet)	Einwohner	Anteil der Arbeitslosen an 16–65 jährigen in %	Ausländer Anteil in %	Anteil der Senioren, Einwohner über 64 Jahre in %	Wanderungssaldo 1994–1996 in %
006 – Soldiner Straße	24.328	/	33,96	10,5	-8,9
007 – Gesundbrunnen	32.191	/	25,56	14	-0,4
008 – Humboldthain	14.256	/	36,6	9,6	-17,6
009 – Leopoldplatz	58.606	/	35,31	10,1	-16,1
010 – Rehberge	625	/	32,8	/	/
011 – Schillerpark	33.641	/	15,58	18,6	+4
Wedding Gesamt	**163.647**	**10,19**	**29,23**	**12,59**	**-7,8**
Berlin Gesamt	**3.428.645**	**7,8**	**12,95**	**13,8**	**+1,1**

Quelle: Senatsverwaltung für Stadtentwicklung, Umweltschutz und Technologie Berlin - Sozialorientierte Stadtentwicklung 1998.

Noch im Jahr 1996 war der Anteil an Arbeitslosen bei ungefähr 10 Prozent, was gemessen am Durchschnitt Berlins von 7,8 Prozent zwar viel war, jedoch für ein Problemgebiet wie Wedding noch relativ gering ausfiel. Der Ausländeranteil lag bei fast 30 Prozent, war jedoch relativ ungleichmäßig über den Bezirk verteilt. So lebten im statistischen Gebiet Schillerpark nur rund 16 Prozent Ausländer, während es im Gebiet um den Leopoldplatz, dem größten statistischen Gebiet in Wedding, über 35 Prozent, im Humboldthain sogar über 36 Prozent waren. Es scheint wenig überraschend, dass letztere Gebiete gleichzeitig den kleinsten Anteil an Senioren aufwiesen und somit vergleichsweise jung waren. Das Gebiet Schillerpark hatte dagegen einen vergleichsweise sehr hohen Anteil an Senioren mit fast

19 Prozent. Insgesamt lag Wedding jedoch beim Seniorenanteil unter dem Durchschnitt Berlins.

Auffällig sind die stark unterschiedlichen Wanderungssalden zwischen 1994 und 1996. Während die Gebiete Humboldthain und Leopoldplatz eine sehr hohe Abwanderung von 17,6, beziehungsweise 16,1 Prozent der Bevölkerung erfuhren, nahm die Einwohnerzahl im Schillerpark sogar um vier Prozent zu. Ursache hierfür könnte die Suburbanisierungsbewegung in Berlin in den 1990er Jahren sein, bei der vor allem stabile Haushalte aus der Innenstadt an den Stadtrand zogen.

Tab. 12 – Sozialdaten für den Bezirk Wedding im Jahr 2000

Erhebungsgebiet	**Arbeitslosenquote im Jahr 1999**	**Zunahme der Arbeitslosigkeit 1995–1999 in %**	**Anteil von Single-Haushalten in %**	**Mittleres Haushaltseinkommen in Euro**
Wedding	23,4	+5,7	51,6	1.230
Berlin	16,9	+3,7	47,5	1.480
Erhebungsgebiet	**Anteil von Sozialhilfeempfängern in %**	**Anteil von Arbeitern in %**	**Anteil von Selbstständigen und Beamten in %**	**Anteil der Einwohner mit Hochschulabschluss in %**
Wedding	16,8	**44,5**	11,8	6,3
Berlin	7,9	26,6	19,7	11

Fett gedruckte Zahlen sind Höchstwerte in Berlin, Quelle: Krajewski 2006, S. 190, 200.

Die selektiven Zu- und Fortzüge machten sich in der Sozialstruktur Weddings stark bemerkbar. Im Jahr 1999 war die Arbeitslosenquote auf 23,4 Prozent gestiegen, was fast sechs Prozent mehr waren als noch 1995. Die großen Unterschiede zur Erhebung von 1996 (siehe Tab. 11) entstanden durch unterschiedliche Messverfahren. Wedding lag somit weit über dem ohnehin äußerst hohen Durchschnitt Berlins. Das mittlere Haushaltseinkommen lag im Wedding mit 1.230 Euro weit unter dem Mittelwert der Hauptstadt, der Anteil der Sozialhilfeempfänger war mit fast 17 Prozent entsprechend sehr hoch. Gleichzeitig wies Wedding mit einem Anteil an Arbeitern von 44,5 Prozent den höchsten Wert ganz Berlins auf. Dagegen gab es vergleichsweise wenige Selbstständige und Beamte im Bezirk. Auch der Anteil der Bewohner mit einem Hochschulabschluss war mit gerade einmal 6,3 Prozent sehr gering. Trotzdem war der Anteil an Single-Haushalten mit 51,6 Prozent noch leicht über dem Berliner Durchschnitt.

Der Bezirk Wedding zeigte im Jahr 2000 eine sehr problematische Sozialstruktur, es bestand dringender Handlungsbedarf, um eine Verschlimmerung der Situation durch zunehmende Segregation zu verhindern. Entsprechend wurden nach und nach die Quartiere Weddings in das Programm des Quartiersmanagements Berlin eingegliedert.[320]

Zwischen den Jahren 2000 und 2012 entwickelte sich die Sozialstruktur in Berlin stark zum Positiven, ein Trend zur Reurbanisierung trat ein und die Innenstadt wurde wieder beliebter. Auch Wedding profitierte von diesen Entwicklungen. Der Anteil an Arbeitslosen ging in Berlin im Allgemeinen, wie auch in Wedding im Speziellen, wieder zurück, wobei hier erneut ein anderes Messverfahren angewandt wurde, weshalb der Unterschied sehr groß ausfällt. Der Arbeitslosenanteil in Wedding liegt dennoch rund fünf Prozent höher als im Rest Berlins. Den geringsten Anteil hat dabei das Gebiet um den Sparrplatz, welches als größter Anwärter für Aufwertungsprozesse in Wedding gilt.

Der Anteil der Einwohner mit Migrationshintergrund ist in Wedding mit fast 54 Prozent doppelt so hoch wie im Rest Berlins. Hier sticht erneut das Gebiet Schillerpark hervor, wo der Anteil nur rund 33 Prozent beträgt. Dieses weist erneut den höchsten Seniorenanteil im Ortsteil auf, mit ungefähr 20 bis 30 Prozent (genaue Werte liegen für den Erhebungszeitraum nicht vor). Das Gebiet Sparrplatz weist hingegen als einziges in Wedding einen Seniorenanteil von unter 10 Prozent auf. Insgesamt liegt der Anteil der Senioren mit 10 bis 15 Prozent noch unter dem Durchschnitt Berlins von 19,2 Prozent.

Der Anteil Alleinerziehender an den Haushalten mit Kindern liegt in Wedding relativ dicht am Berliner Durchschnitt, ist im Ortsteil aber ungleich verteilt. So liegt der Anteil im Gebiet Schillerpark bei über 38 Prozent, im Gebiet Brunnenstraße dagegen bei nur 21 Prozent. Der Sparrplatz liegt mit 27,8 Prozent in der Mitte, aber noch unter dem Durchschnittswert Berlins.

---

320 Vgl.: Quartiersmanagement Berlin, online verfügbar unter: http://www.quartiersmanagement-berlin.de, letzter Stand: 05.07.2016.

Tab. 13 – Sozialstruktur in Wedding 2012

Gebiet (Planungsraum)	Einwohner	Anteil der Arbeitslosen an 16–65 jährigen in %	Einwohner mit Migrationshintergrund in %	Anteil der Senioren, Einwohner über 64 Jahre in %	Anteil Alleinerziehender Haushalte an Haushalten mit Kindern in %
01044101 – Rehberge	19.210	11,9	42,83	15 bis 20	36,62
01044102 – Schillerpark	15.069	12,2	33,23	20 bis 30	38,56
01044103 – Westliche Müllerstraße	7.738	11,92	46,39	10 bis 15	32,91
01044201 – Reinickendorfer Straße	22.224	15,08	66,2	10 bis 15	29,19
01044202 – Sparrplatz	15.894	10,95	55,1	unter 10	27,81
01044203 – Leopoldplatz	15.364	13,89	55,44	10 bis 15	30,76
01033101 – Soldiner Straße	24.632	15,44	57,06	10 bis 15	34,55
01033102 – Gesundbrunnen	11.030	13,3	57,1	10 bis 15	26,32
01033201 – Brunnenstraße	12.778	13,69	65,4	10 bis 15	21,59
01033202 – Humboldthain Süd	9.611	12,15	53,71	15 bis 20	27,06
01033203 – Humboldthain Nordwest	13.179	14,88	60,44	10 bis 15	30,34
Wedding Gesamt	**166.729**	**13,42**	**53,9**	**10 bis 15**	**30,52**
Berlin Gesamt	**3.469.621**	**8,07**	**26,48**	**19,2**	**31,64**

Quelle: Fis-Broker, LOR-Daten 2012, online verfügbar unter: http://fbinter.stadt-berlin.de/fb/index.jsp.

Tab. 14 – Mobilität und Wohndauer in Wedding 2012

Gebiet (Planungsraum)	Wohndauer über 5 Jahre in %	Wanderungs-volumen in %	Wande-rungssaldo in %	Wanderungs-saldo Kinder unter 6 Jahre in %
Rehberge	54,47	31,28	+1,61	-4,51
Schillerpark	58,1	28,65	+1,46	-0,46
Westliche Müller-straße	50,55	35,81	+2,53	-3,8
Reinickendorfer Straße	49,43	38,19	+2,38	-1,61
Sparrplatz	43,39	45,32	+2,41	-4,91
Leopoldplatz	47,91	40,73	+2,91	-3,41
Soldiner Straße	48,6	37,98	+2,96	-1,43
Gesundbrunnen	52,77	33,92	+0,66	-4,74
Brunnenstraße	61	23,54	-0,2	-0,86
Humboldthain Süd	60,08	24,15	+1,5	+0,24
Humboldthain Nordwest	52.77	34,63	+1,16	-3,52
Wedding – Gesamt	**52,64**	**34,29**	**+1,76**	**-2,64**
Berlin – Gesamt	**60,69**	**26,65**	**+1,37**	**+0,88**

Quelle: Fis-Broker, LOR-Daten 2012, online verfügbar unter: http://fbinter.stadt-berlin.de/fb/index.jsp.

Die Einwohnerzahl des Ortsteils Wedding nahm in den letzten Jahren wieder zu, was sich auch in positiven Wanderungssalden niederschlägt. Am stärksten war der Zuzug in den Gebieten Leopoldplatz und Soldiner Straße, gefolgt von der westlichen Müllerstraße und dem Sparrplatz. Lediglich das Gebiet um die Brunnenstraße hatte mehr Fort- als Zuzüge zu verzeichnen. Der Wanderungssaldo liegt damit leicht über dem der Hauptstadt insgesamt.

Der Anteil von Bewohnern mit einer Wohndauer von über fünf Jahren ist erneut relativ unterschiedlich innerhalb Weddings. Während im Gebiet Brunnenstraße 61 Prozent der Bewohner mehr als fünf Jahre dort leben, waren es am Sparrplatz lediglich 43,3 Prozent, was auf eine hohe Fluktuation schließen lässt oder auf einen vor kurzem aufgetretenen Bewohneraustausch. Das Wanderungsvolumen war in diesem Gebiet entsprechend am höchsten, fiel in Wedding mit über 34 Prozent aber allgemein relativ hoch aus.

Als bedenklich gesehen werden könne das stark negative Wanderungssaldo von Kindern unter sechs Jahren. Da diese nicht allein umziehen muss von einem

Schwund an Familien im Ortsteil ausgegangen werden. Ursächlich hierfür könnten einerseits die eher geringen Wohnungsgrößen, aber auch die für Kinder unvorteilhafte Gebietsstruktur sein. Hohe Verkehrs- und Lärmbelastung, sowie eine eher schlechte Versorgung mit Kindertagesstätten und Schulen vertreiben Familien langfristig.

In ihrem integrierten Handlungs- und Entwicklungskonzept von 2011 zeigt das Quartiersmanagement Sparrplatz große Probleme bei der Bildung im Quartier auf. So gehört der größte Teil der Schüler der unteren sozialen Schicht an, zudem gibt es viele Schüler nichtdeutscher Herkunft. Beide Faktoren führten dazu, dass die Hälfte der Kinder über nicht ausreichende Deutschkenntnisse verfüge. Zudem sind auch Verwahrlosungsmerkmale, wie mangelhafte Ernährung oder Bekleidung, erkennbar gewesen. Das Quartiersmanagement forderte deshalb von den Schulen ein zusätzliches Engagement, wobei dieses bereits gut ausgeprägt gewesen sei.[321]

Im Jahr 2013 wurden die Probleme zwar weiterhin attestiert, jedoch wurden durch die Schulen im Gebiet nun Projekte zur akuten Problemlinderung angeboten. Zudem wurde das Engagement der 17 Kindertagesstätten und der im Quartier ansässigen Jugendeinrichtungen gelobt, welche jedoch sehr nachgefragt und komplett ausgelastet seien.[322] Das Quartiersmanagementgebiet Pankstraße verfügt laut Bericht dagegen über sehr viele Einrichtungen. Es gibt insgesamt fast 30 Kitas, die Schulen bieten Projekte zur Integration und attraktive Schulprofile an und auch berufsvorbereitende Maßnahmen sowie Erwachsenenbildung werden gefördert.[323] Die Bildungssituation in Wedding stellt sich also als kompliziert dar. Während einige Quartiere über Auslastung klagen, verfügen andere über genügend Ressourcen. Die schwierige soziale Situation spiegelt sich zudem bei der schulischen Ausbildung wieder. Es ist nicht auszuschließen, dass es hier zu negativen Quartierseffekten kommen kann, was die Beeinflussung von Individuen durch ihr Umfeld meint. Die Lernatmosphäre in einer Klasse, in der die Hälfte der Schüler über nicht ausreichende Deutschkenntnisse verfügt, kann benachteiligend

---

[321] Vgl.: Quartiersmanagement Sparrplatz – Integriertes Handlungs- und Entwicklungskonzept 2011, online verfügbar unter: http://www.sparrplatz-quartier.de/uploads/media/IHEK_Sparrplatz_2011.pdf, letzter Stand: 05.07.2016.

[322] Vgl.: Quartiersmanagement Sparrplatz – Integriertes Handlungs- und Entwicklungskonzept 2013, online verfügbar unter: http://www.sparrplatz-quartier.de/uploads/media/IHEK_Sparrplatz_2013.pdf, letzter Stand: 05.07.2016.

[323] Vgl.: Quartiersmanagement Pankstraße – Integriertes Handlungs- und Entwicklunsgkonzept 2015/16, online verfügbar unter: http://www.pankstrasse-quartier.de/uploads/media/IHEK_Pankstrasse_2015-16.pdf, letzter Stand: 05.07.2016.

wirken. Über die Anteile der Einwohner Weddings mit Hochschulabschluss oder ohne Schulabschluss konnten keine Angaben gefunden werden. Dem Gebiet wird jedoch eine Beliebtheit unter Studenten zugesprochen, da es relativ günstig, lebendig und multikulturell ist.[324]

Wedding gilt laut dem Kurzbericht ‚Monitoring soziale Stadtentwicklung Berlin 2015' weiterhin als Gebiet mit anhaltender räumlicher Konzentration von sozial Benachteiligten, weist jedoch auch teilweise positive Dynamiken auf. Diese treten jedoch nur auf kleinräumigen Ebenen auf und nicht im gesamten Gebiet. Einige Quartiere Weddings gelten noch immer als Gebiete mit besonderem Aufmerksamkeitsbedarf, was bedeutet, dass sie einen sehr niedrigen Status mit unterschiedlicher Dynamik oder einen niedrigen Status mit negativer Dynamik aufweisen. Es handle sich hierbei um die Gebiete Soldiner Straße, Brunnenstraße, Humboldthain Nordwest, Reinickendorfer Straße und Leopoldplatz.[325]

4.3.3 Daten zur funktional-symbolischen Dimension der Aufwertung

Die Verkehrsinfrastruktur ist in Wedding gut ausgebaut, mit dem Bahnhof Gesundbrunnen besteht ein Anschluss an den Fernverkehr, ebenso ist der Flughafen Berlin Tegel nicht weit entfernt. Die Versorgung mit öffentlichen Nahverkehrsmitteln ist, durch Anschlüsse an U-Bahn und S-Bahn, sowie der Ringbahn Berlins und einer Vielzahl an Bus- und Straßenbahnlinien sichergestellt. Auch die Straßen sind im Gebiet gut ausgebaut, einige der Hauptverkehrsstraßen sind vierspurig und es gibt einen Anschluss an die Berliner Stadtautobahn. In vielen Wohngebieten sind die Straßen dagegen verkehrsberuhigend angelegt.

Die Versorgung mit Grünflächen und öffentlichen Plätzen gilt, vor allem im Norden Weddings, mit dem Volkspark Rehberge, dem angrenzenden Goethepark und dem Schillerpark, als relativ gut. Problematisch ist die Versorgung dagegen im Osten Weddings, wo im Gebiet Gesundbrunnen kaum Grünflächen vorhanden sind. In diesem Gebiet wurden stattdessen öffentliche Plätze erneuert, wie zum Beispiel der Nettelbeckplatz, an welchem sich mittlerweile verschiedene Gastronomie- und Dienstleistungsbetriebe befinden. Auffällig ist jedoch, dass diese Gewerbe zumeist in unteren Preiskategorien angesiedelt sind. Auch eine hohe Dichte

---

324 Vgl.: Beitzer, Hannah - Erst komme ich, dann kommt der Wedding, online verfügbar unter: http://www.sueddeutsche.de/leben/gentrifizierung-in-grossstaedten-erst-komme-ich-dann-kommt-der-wedding-1.2518287, letzter Stand: 05.07.2016.

325 Vgl.: Senatsverwaltung für Stadtentwicklung und Umwelt 2015 – Monitoring soziale Stadtentwicklung Berlin 2015, S. 3, 8.

an Spielhallen und Automatencasinos – allein zwei direkt am Nettelbeckplatz – sprechen nicht für ein Gewerbe, wie es von jungen, finanzstarken Haushalten nachgefragt wird. Allerdings gilt gerade dies als ein Teil von Wedding, welcher als einer von wenigen innenstadtnahen Ortsteilen noch als authentisches Gebiet Berlins gilt. Gleichzeitig hält sich die Erwartung eines bevorstehenden Aufschwungs hartnäckig und scheint sich in einigen Gebieten auch zu bewahrheiten.[326]

Der neugestaltete Nettelbeckplatz, Quelle: Eigene Aufnahme vom 23.05.2016.

Der Wedding habe sich in den vergangenen Jahren zu einem wichtigen Dienstleistungs- und Gewerbestandort innerhalb Berlins entwickelt. Es gibt noch viele kleinere Einzelhändler, größere, internationale Konzerne haben, so der Eindruck bei der Gebietsbegehung, wenige Filialen in diesem Gebiet. Solche Geschäfte lassen sich im Gesundbrunnen-Center, dem größten Einkaufszentrum im Gebiet, finden. Dieses bietet ein weit gefächertes Angebot an Einzelhandelsgewerben für den täglichen Bedarf. Der Wedding verfügt zudem mit der Müllerstraße über ein eigenes Subzentrum, wo ein großer Teil der Dienstleistungsgewerbe angesiedelt ist.[327]

---

[326] Vgl.: Anders, Florentine – Der Wedding kommt, aber anders, online verfügbar unter: http://www.morgenpost.de/berlin/stadtteilserie/article103031626/Der-Wedding-kommt-aber-anders.html, letzter Stand: 05.07.2016.

[327] Vgl.: Investitionsbank Berlin 2011, S. 76.

Außerdem verfügt Wedding mit dem Technologiepark Humboldthain über einen Standort, an dem und in dessen Umgebung sich Wirtschaft und Wissenschaft, teils mit Hochtechnologiecharakter, angesiedelt haben.[328] Hierzu zählen Einrichtungen der Technischen Universität Berlin, des Virchow-Klinikums und des Fraunhofer Instituts. Von ihrer Nachbarschaft erhoffen sich diese Unternehmen Synergieeffekte. Mit dem dazugehörigen Berliner Innovations- und Gründerzentrum, dem ersten seiner Art in Deutschland, präsentiert sich Wedding als attraktiver Standort für Unternehmen. Die Nähe zu öffentlichen Verkehrsmitteln, Grünflächen und Einkaufsmöglichkeiten steigert diese Attraktivität weiter.[329]

Der Ruf des Weddings ist über Berlins Grenzen hinaus belastet durch seine jüngere Geschichte, in welcher der Ortsteil als einer der ärmsten, kriminellsten und sozial problematischsten in ganz Berlin galt. Wedding galt deshalb als Wohngegend Benachteiligter und gescheiterter, was sich auch auf das Bewusstsein der Bewohner niederschlug. Diese behandelten ihren Ortsteil nun weniger nachsichtig, die Verschmutzung öffentlicher Straßen und Plätze war hoch. In den letzten Jahren wurde jedoch versucht das Image des Weddings zu verbessern, wofür auch die Bewohner aktiviert wurden. Diese sollen den Eindruck haben, in einem attraktiven Teil Berlins zu leben, dies würde ihre Einstellung zum Ortsteil verbessern und so den Ortsteil symbolisch aber auch physisch aufwerten können.

Seit einiger Zeit hat der Wedding allerdings auch den Ruf, vermehrt Künstler und Kreative anzuziehen, die das Gebiet für seine Lebendigkeit schätzen. Nachweisbar ist dies jedoch nicht. Kulturell zeigt sich der Wedding vielfältig. So gibt es beispielsweise das Prime Time Theater, welches mit ihrer Reihe ‚Gutes Wedding Schlechtes Wedding' neuartiges Volkstheater spielen möchte, das auf satirische Art und Weise die alltäglichen Problematiken des Lebens im Ortsteil und in Berlin verarbeitet. Die negativen und positiven Seiten des Weddings werden dabei gleichermaßen aufgegriffen, das Image des Quartiers wird quasi als Stilmittel verwendet.[330]

---

328 Vgl.: Bezirksamt Mitte – Technologiepark Humboldthain, online verfügbar unter: https://www.berlin.de/ba-mitte/politik-und-verwaltung/service-und-organisationseinheiten/wirtschaftsfoerderung/wirtschaftsstandort/, letzter Stand: 04.07.2016.

329 Vgl.: Technologie-Park Humboldthain, online verfügbar unter: http://www.tph-berlin.net, letzter Stand: 04.07.2016.

330 Vgl.: Prime Time Theater – Gutes Wedding Schlechtes Wedding, online verfügbar unter: http://primetimetheater.de/gwsw, letzter Stand: 04.07.2016.

Links: Wohnhaus mit Aufschrift „Ick steh uff Wedding dit is meen Ding" zur Imageverbesserung, Quelle: Eigene Aufnahme vom 23.05.2016; Rechts: Die verschmutzte Soldiner Straße im Jahr 2007, Quelle: Bild der Soldiner Straße, online verfügbar unter: http://www.welt.de/regionales/berlin/article1386729/ Soziale-Unterschiede-in-Berlin-werden-immer-groesser.html, letzter Stand: 02.07.2016.

Die Aufwertungserwartungen an Wedding fördern bei den Bewohnern des Ortsteils die Sorgen davor, verdrängt zu werden und das eigene Quartier bald nicht mehr wiederzuerkennen. Durch die Nachbarschaft mit Prenzlauer Berg und eine große Ähnlichkeit der Ausgangslage zwischen Wedding und Kreuzberg gibt es Befürchtungen, dass dem Gebiet ein ähnliches Schicksal bevorstehe. Einige Bewohner des Weddings seien bereits aus anderen Gebieten Berlins verdrängt worden und erkennen gewisse Ähnlichkeiten zwischen den Abläufen in Prenzlauer Berg, Kreuzberg und Wedding. Der Widerstand gegen Gentrifizierungstendenzen zeige sich jedoch noch wenig ausgeprägt und relativ unorganisiert, verglichen mit anderen Ortsteilen Berlins. Auch gibt es viele, die eine Aufwertung, vor allem der Sozialstruktur, begrüßen würden. Besonders Kreative und Studenten, welche als erste Pioniere gesehen werden können, aber auch Sozialarbeiter und gewöhnliche Bewohner des Quartiers haben ein Interesse daran, dass Wedding seinen Ruf als Armenviertel mit hoher Kriminalität verliert.[331]

[331] Vgl.: Beitzer, Hannah – Erst komme ich, dann kommt der Wedding, online verfügbar unter: http://www.sueddeutsche.de/leben/gentrifizierung-in-grossstaedten-erst-komme-ich-dann-kommt-der-wedding-1.2518287, letzter Stand: 05.07.2016.

4.3.4 Fazit zum Nachweis der Gentrifizierung in Berlin Wedding

Der Berliner Ortsteil Wedding galt lange Zeit als eines der am stärksten von Segregation betroffenen Gebiete der Hauptstadt. Die Bevölkerung setzte sich zu einem großen Teil aus benachteiligten Haushalten zusammen. Von den Aufwertungstendenzen, welche die Berliner Mitte nach der Wiedervereinigung erfuhr, konnte das Gebiet nicht profitieren. In den vergangenen 10 Jahren konnte Wedding zwar zum Rest Berlins aufholen, liegt jedoch bei den meisten Sozialstrukturmerkmalen noch immer unter dem Durchschnitt der Stadt. Die einzelnen Quartiere in Wedding weisen dabei relativ unterschiedliche Merkmale auf. So fiel vor allem das Gebiet um den Schillerpark auf, da dort überdurchschnittlich viele Alte leben, gleichzeitig viele Menschen dort länger als fünf Jahre wohnen und die Fluktuation eher niedrig ist. Der Anteil an Einwohnern mit Migrationshintergrund war niedriger als im Rest Weddings.

Auch das Gebiet um den Sparrplatz wies andere Sozialstrukturmerkmale auf, als die restlichen Quartiere. Hier fielen vor allem die eher junge Bevölkerung mit einem geringen Anteil von Senioren, die etwas niedrigere Arbeitslosenquote, sowie die relativ hohe Fluktuation auf. Das Gebiet liegt im Süden Weddings und illustriert das starke Nord-Süd-Gefälle im Ortsteil. Gerade diese südlichen, an den Ortsteil Mitte angrenzenden Quartiere, zeigen die größten Gentrifizierungstendenzen.

- Steigende Mietpreise: Die Mieten in Wedding steigen etwas stärker als im Rest Berlins, allerdings kann dies als eine Angleichung an den Durchschnitt der Stadt verstanden werden. In fast allen Gebieten liegt der Kaltmietpreis pro Quadratmeter noch immer unter dem der Hauptstadt. Problematisch gestaltet sich jedoch die Tatsache, dass die durchschnittliche Kaufkraft pro Haushalt weiterhin niedrig ist, was den Mietzins für benachteiligte Haushalte wegen der steigenden Mietpreise in die Höhe treibt.
- Die Neubauaktivität in Wedding fällt äußerst gering aus, große Projekte konnten nicht gefunden werden. Auch gibt es keine auffälligen Modernisierungsarbeiten an Altbauten im Ortsteil. Dies könne mit der in den 1980er Jahren durchgeführten Flächensanierung in einigen Teilen Weddings zusammenhängen. Viele Gebäude verfügen demnach bereits über Vollausstattung, für weitere Aufwertungen fehlen womöglich noch finanzstarke Interessenten. Lediglich die südlichen Quartiere könnten in den nächsten Jahren von weiteren Aufwertungen und Neubauten im angrenzenden Ortsteil Mitte

profitieren. Vor allem der Bau der neuen Zentrale des Bundesnachrichtendienstes könnte Auswirkungen auf den Wohnungsmarkt in Wedding haben.

- Die Sozialstruktur in Wedding zeichnet sich durch eine weiterhin hohe Zahl an benachteiligten Haushalten aus. Es gibt sehr viele Ausländer und Einwohner mit Migrationshintergrund. Auch die Arbeitslosenquote liegt deutlich über dem Durchschnitt Berlins. Zu diesem Zweck wurden verschiedene Quartiersmanagements eingerichtet, welche den Ortsteil stabilisieren sollen. Fünf Quartiere in Wedding gelten weiterhin als Gebiete mit besonderem Aufmerksamkeitsbedarf.
- Die Kombination der Nähe zur Innenstadt, das Vorhandensein vieler kleinerer Wohnungen, mit unterdurchschnittlichen Mietpreisen, auch in Altbauten, bietet eine gute Grundlage für den Zuzug von Pionierhaushalten. Dieser scheint, laut einigen Zeitungsberichten, Internetblogs und laut der Meinung der Bevölkerung Berlins bereits begonnen zu haben. Nachweisen ließ sich dies allerdings nicht.
- Die relativ hohe Fluktuation in einigen Quartieren, in Kombination mit dem Fortzug von Kindern und ihren Familien, spricht für selektive Zu- und Abwanderungen in und aus dem Gebiet. Von einer Verdrängung kann nicht ausgegangen werden, da die Preise niedriger sind als in den meisten anderen Innenstadtbezirken Berlins. Vielmehr ist ein Zuzug von benachteiligten Haushalten oder finanziell schwachen Pionierhaushalten vorstellbar, welche durch steigende Mietpreise und niedrige Einkommen aber einen stark steigenden Mietzins verkraften müssen.
- Wedding versuchte in den letzten Jahren sein Image zu verbessern, konnte seinen Ruf als Problemgebiet Berlins jedoch nicht völlig ablegen. Durch den erhofften Zuzug von Studenten in den Ortsteil wird jedoch eine Verbesserung der Sozialstruktur in den nächsten Jahren erwartet. Die Nähe zur Innenstadt gilt dabei als größter Vorteil. Wedding genießt allerdings einen Ruf als eines der letzten authentischen Innenstadtquartiere Berlins und weist somit ein Alleinstellungsmerkmal auf. Dieser Ruf könnte in Zukunft instrumentalisiert werden, um Besucher anzulocken, würde dann jedoch schwer zu erhalten sein.

- Die Verkehrsinfrastruktur im Gebiet ist sehr gut ausgebaut, der Westen des Ortsteils verfügt zudem über viele Grünflächen. Der Norden und Osten weisen jedoch eine deutlich schlechtere Versorgung mit Naherholungsgebieten auf.
- Die größte Stärke Weddings im Moment scheint die Ansiedlung von Gewerbe zu sein. Besonders der Technologiepark Humboldthain, wo Wirtschaft und Wissenschaft zusammentreffen, die angrenzende Beuth-Hochschule und das Gründerzentrum, sowie die wachsende Zahl an Dienstleistungsbetrieben bieten berufliche Perspektiven und können so junge, gut gebildete Haushalte anziehen.

Der Ortsteil Wedding weist Aufwertungspotenziale auf, welche für zukünftige Gentrifizierungsprozesse günstig sein können. Hierzu zählen vor allem eine bisher finanziell schwache und benachteiligte Bevölkerung, die Ansiedlung von neuen Gewerbeformen, niedrige Mietpreise, sowie ein großer Anteil an attraktiver Gebäudestruktur. Die bisherigen Entwicklungen in Wedding sprechen jedoch gegen einen bisher stattfindenden Gentrifizierungsprozess. Dementsprechend kann der Ortsteil in keine Phase des Phasenmodells der Gentrifizierung eingeordnet werden. Die starken Mietpreissteigerungen hängen nicht mit einer Invasion von Pionieren, sondern einem generell starken Preisanstieg im Niedrigpreissektor in Berlin zusammen.[332]

Die als problematisch zu bezeichnende Sozialstruktur in Wedding schreckt potenzielle neue Bewohner und Investoren vermutlich gleichermaßen ab. Ein hoher Anteil an landeseigenen Wohnungen, sowie ein Bewusstsein der Bevölkerung darüber, was Gentrifizierungsprozesse für sie bedeuten, stellen zusätzliche Widerstände dar.

Wedding kann demnach als Typ drei gentrifizierter Gebiete nach Bouali und Gude gelten. Die Bevölkerungsstruktur setzt sich weitgehend aus ärmeren Haushalten zusammen, zu denen jedoch immer mehr typische Pionierhaushalte kommen, wie zum Beispiel Künstler, Kreative und Studenten. Diese weisen durch ihre anderen Lebensstile auch eine andere Nachfrage auf, verfügen jedoch nicht über die Finanzkraft, diese auf Dauer durchzusetzen. Die Ankunft dieser Gruppen, verbunden mit einer leichten Verbesserung der Situation in einigen Quartieren, welche jedoch eher durch einen Fahrstuhleffekt in ganz Berlin herrührt, führt zu einer Verwechslung mit Gentrifizierungsprozessen. Kleinräumige Aufwertungen in

[332] Vgl.: Bouali; Gude 2014, S. 46–47.

Wedding sind eher als Incumbent Upgrading zu sehen, ausgelöst durch die eingerichteten Quartiersmanagements. Die eigentlichen Merkmale der Gentrifizierung, wie Verdrängung und der Zuzug von Besserverdienenden, fehlen in Wedding jedoch.[333]

[333] Vgl.: Bouali; Gude 2014, S. 37–38.

4.4 Berlin Moabit

4.4.1 Daten zur baulichen Dimension der Aufwertung

Die Ausgangslage von Berlin Moabit war, wie beschrieben, problematisch. Im Quartier lebten viele benachteiligte Haushalte, der Ortsteil galt stellenweise als Problemgebiet, vor allem die nördlichen Kieze Moabits. Diese wiesen, neben größeren sozialen Problemen, auch niedrigere Mietpreise auf, als der Moabiter Süden, was in den späten 1990er und frühen 2000er Jahren weitere benachteiligte Haushalte anzog.

Tab. 15 – Mietpreise in Berlin Moabit 2006

PLZ	Durchschnitt Kaltmiete aller Segmente in €/m²/Monat	Durchschnitt Wohnungsgröße in m²	Durchschnitt Haushaltseinkommen €/ Monat	Wohnungskostenquote anhand der Warmmiete in %
10551	5,34	73,4	1.382	40,1
10553	4,95	72,3	1.349	38,4
10555	5,59	77,6	1.613	36,6
10557	6,38	72,2	1.807	33,5
10559	5,18	77,8	1.321	42,3
Berlin	**5,96**	**73,3**	**1.808**	**33,0**

Quelle: GSW-Wohnmarktreport 2007.

Im Jahr 2006 spiegelte sich diese Ausgangslage noch deutlich in den Daten zu Mietpreisen und Haushaltseinkommen wieder. Die durchschnittlichen Kaltmieten lagen überall, außer im Postleitzahlgebiet 10557, unter dem Berliner Durchschnitt und auch das besagte Ausnahmegebiet liegt nur leicht darüber. Erklären lässt sich diese Ausnahme zudem dadurch, dass in diesem Quartier ein großes Neubaugebiet, die ‚Zille-Siedlung', mit relativ großen Wohnungen samt Vollausstattung zu finden ist. Der höhere Wohnstandard verglichen mit den unsanierten Altbauten schlug sich möglicherweise auf die Preise nieder.

Durch die im Vergleich zum Rest Berlins stark unterdurchschnittlichen Haushaltseinkommen lag der Mietzins, also der Anteil der Mietkosten am Haushaltseinkommen, trotz der niedrigen Mietpreise weit über dem Berliner Durchschnitt. Für die Bewohner Moabits waren die Wohnungen entsprechend teuer, aber noch bezahlbar.

Tab. 16 – Mietpreise in Berlin Moabit 2013

PLZ	Durchschnitt Kaltmiete aller Segmente in €/m²/Monat	Durchschnitt Wohnungsgröße in m²	Durchschnitt Kaufkraft pro Haushalt in €/ Monat	Wohnungskostenquote anhand der Warmmiete in %
10551	8,18	58	2.673	23,6
10553	7,96	55	2.558	23,1
10555	8,50	68	2.739	28,0
10557	9,00	70	2.873	28,6
10559	7,76	59	2.712	22,8
Berlin	**8,02**	**72**	**2.851**	**26,6**

Quelle: GSW-Wohnmarktreport 2014.

Im Jahr 2013 hatten sich die Mietpreise dem Durchschnitt Berlins angenähert, teils war der Wohnraum nun sogar teurer. Interessant ist hierbei auch die im Vergleich zum Jahr 2006 stark gesunkene durchschnittliche Wohnungsgröße. Diese kam möglicherweise durch Grundrissveränderungen im Rahmen von Sanierungsarbeiten zustande. Die Nachfrage nach kleineren Wohnungen hat sich womöglich durch eine Zunahme von Single- und Paarhaushalten erhöht.

Auch die durchschnittliche Kaufkraft der Bewohner (das durchschnittliche Haushaltseinkommen wurde ab 2014 nicht mehr durch die GSW erhoben) näherte sich dem Berliner Durchschnitt nun an, lag aber meist noch leicht unterhalb. Der durchschnittliche Mietzins sank jedoch beachtlich, die Haushalte hatten entsprechend mehr Geld für andere Ausgaben zu Verfügung. Es ist jedoch zu vermuten, dass auch eine Veränderung in der Berechnung durch die Erhebung der Kaufkraft der Haushalte zu dieser starken Veränderung führte. Der Mietzins lag nun in den meisten Gebieten unter dem Berliner Durchschnitt, lediglich in zwei Gebieten lag er darüber.

Es sind starke Veränderungen zwischen 2006 und 2013 zu beobachten, vor allem die Wohnungsgrößen nahmen stark ab, was auf eine veränderte Nachfrage schließen lässt. In Moabit-West sind beispielsweise 62 Prozent aller Wohnungen klein, verfügen also nur über ein oder zwei Zimmer. Nur 38 Prozent der Wohnungen haben mehr als zwei Zimmer, der Vergleichswert des Ortsteils Kreuzberg liege dagegen bei einem Anteil von 52 Prozent größerer Wohnungen. Die durchschnittliche Wohnfläche in Quadratmeter pro Person betrug im Jahr 2009 in Moabit-West 37,5m² und lag damit leicht unter dem Durchschnittswert der Stadt mit

38,8m².[334] Der Mietpreis hat sich ebenfalls stark geändert, sich jedoch hauptsächlich dem Durschnitt Berlins angenähert. Beachtlich ist die Veränderung der finanziellen Situation der Haushalte, auf welche noch eingegangen wird.

Tab. 17 – Mietpreise in Berlin Moabit 2015

PLZ	Durchschnitt Kaltmiete aller Segmente in €/m²/Monat	Durchschnitt Wohnungsgröße in m²	Durchschnitt Kaufkraft pro Haushalt in €/ Monat	Wohnungskostenquote anhand der Warmmiete in %
10551	9,52	55	2.567	26,3
10553	8,94	54	2.473	25,8
10555	10,00	66	2.727	31,0
10557	10,00	64	2.947	27,7
10559	9,31	58	2.602	27,0
Berlin	**8,99**	**70**	**2.971**	**27,2**

Quelle: CBRE-GmbH; Berlin Hyp Ag – Hyp-Wohnmarktreport 2016.

Zwischen 2013 und 2015 sind erneut Veränderungen zu beobachten, so wurden die Wohnungen im Ortsteil Moabit im Durschnitt noch kleiner, was dem allgemeinen Trend Berlin zwar folgt, jedoch auf weitreichende Veränderungen der Gebäudestrukturen und auch auf spezifische Kundschaft ausgelegten Neubau schließen lässt.

Die Mietpreise stiegen in diesem kurzen Zeitraum beachtlich und liegen nun, mit Ausnahme des Postleitzahlgebietes 10553, welches das Quartiersmanagementgebiet und Problemgebiet Beusselstraße beinhaltet, deutlich über dem Durschnitt Berlins. Dieser stieg zwischen 2006 und 2015 um mehr als drei Euro pro Quadratmeter, also um mehr als 50 Prozent. Die Mietpreise in Moabit stiegen in den meisten Kiezen im gleichen Zeitraum um mehr als vier Euro pro Quadratmeter, also teilweise um mehr als 75 Prozent. Mitunter werben Anbieter von Wohnungen damit, dass es sich bei Wohnungen in Moabit um Wohnungen in Berlin Mitte handelt – was seit der Bezirksreform von 2001 zwar verwaltungstechnisch richtig ist, jedoch nicht räumlich und sozial.[335]

Ursächlich für diese starken Preisanstiege ist vor allem die Tatsache, dass die Miet- und Grundstückspreise, sowie die Lebenshaltungskosten in Berlin bisher vergleichsweise niedrig waren. Diese korrespondierten jedoch auch mit einem vergleichsweise unterdurchschnittlichen Pro-Kopf-Einkommen. Im Zuge der zu-

---

334 Vgl.: TOPOS Stadtplanung 2009, S. 29–30.

335 Vgl.: GSW-Wohnmarktreport 2014, S. 12.

nehmenden Reurbanisierung und der dadurch steigenden Nachfrage nach Wohnraum wurden Immobilien auch zu Anlageobjekten und gerieten in das Visier von Mittelschichten und Investoren. Dies ließ die Preise in Berlin stark ansteigen.[336] Im Gegensatz dazu sank die Kaufkraft in Moabit sogar leicht, was zu einem Anstieg des Mietzinses von zwei bis vier Prozent in den meisten Postleitzahlgebieten führte. Die Ausnahme bildet hier erneut das Gebiet mit der Postleitzahl 10557.

Oben: Neubau neben dem Hamburger Bahnhof, Unten: Neubauten gegenüber des Hauptbahnhofs, Quelle: Eigene Aufnahmen vom 23.05.2016.

336 Vgl.: Plate; Polinna; Tonndorf 2014, S. 293.

Die Neubauaktivität in Moabit war in den letzten Jahren vor allem in der Nähe des Hauptbahnhofes hoch. Dort entstanden Hotels, gastronomische Betriebe, sowie Bürogebäude und die Infrastruktur wurde verbessert. Hierbei wurden vor allem noch bestehende Baulücken gefüllt. Moabit profitiert von der unmittelbaren Nähe zur Berliner Mitte mit ihren touristischen Attraktionen und dem Regierungsbezirk, sowie der dortigen Infrastruktur. Da in diesen Gebieten kaum noch Baufläche vorhanden ist werden Neubauaktivitäten nach Moabit verlagert – ähnlich wie schon während der Industrialisierung. Diese Verbesserungen könnten Einfluss auf weitere Aufwertungen im Ortsteil haben.

Bei einem Neubauprojekt in der Seydlitzstraße wurden Eigentumswohnungen mit Luxusstandard gebaut, welche nach einem ersten Eindruck bereits vollständig verkauft worden sind. Direkt neben den Wohnungen befindet sich ein Spa, welches Wellnessbehandlungen anbietet. Zwar sind die Grundstücke des Neubaugebietes nicht komplett umzäunt, hohe Mauern lassen aber einen Eindruck entstehen, es könnte sich um eine abgeschwächte Form einer ‚Gated Community‘ handeln. Dies sind abgeschlossene Wohnkomplexe mit hohen Sicherheitsvorkehrungen, sehr teurem Wohnraum und einer homogenen, gut situierten Bewohnerschaft, welche sich von anderen Stadtbewohnern abgrenzen und schützen möchte.[337] Dies kann hier zwar nicht ohne weiteres unterstellt werden, eine Abgrenzung in Form von Sichtschutz zu den Bewohnern der eher heruntergekommenen gegenüberliegenden Neubauten aus den 1980er Jahren ist aber denkbar.

Eigentumswohnungen in der Seydlitzstraße, Quelle: Eigene Aufnahmen vom 23.05.2016

337 Vgl.: Harlander; Kuhn 2012, S. 386–389.

Oben: Wellness in Moabit, Unten: Haus der Zille-Siedlung gegenüber der Neubauten, Quelle: Eigene Aufnahmen vom 23.05.2016.

Ein weiteres, vielbeachtetes Neubauprojekt namens Mittenmang befindet sich gegenüber des Poststadions in der Lehrter Straße, in der Nähe zum Hauptbahnhof. Hier sollen, neben 255 geplanten Eigentumswohnungen, welche circa 5.500€ pro Quadratmeter kosten sollen, auch 344 Mietwohnungen für 10,50€/qm² Kaltmiete, sowie 295 Mikroappartements, zum Beispiel für Studenten, und 158 geförderte Wohnungen für 6,50€/qm² Kaltmiete, also Sozialwohnungen, gebaut werden.

Diese geförderten Wohnungen scheinen dringend notwendig, da Moabit im Jahr 2012 einen sehr geringen Anteil städtischer Wohnungen am Gesamtbestand von nur 4,4 Prozent hatte. Laut des Infoplakats des Bauunternehmers gehören zum Neubauprojekt neben den rund 1.000 Wohnungen auch eine Kindertagesstätte und ein zentraler Platz.

Hinter dem Bauland verlaufen allerdings die Schienen für Fernzüge, welche den Hauptbahnhof ansteuern. Bei einer Gebietsbegehung im Mai 2016 kam deshalb der persönliche Verdacht auf, dass die Sozialwohnungen und Mikroappartements als Lärmschutz für die Haushalte in den Eigentumswohnungen fungieren könnten. Dies wurde durch einen Fernsehbeitrag der Abendschau Berlin des Rundfunks Berlin Brandenburg vom 22.06.2016 belegt. Der dort interviewte Großinvestor Klaus Groth gab den Sachverhalt mit den Worten „man kann nicht alles haben“ zu.[338]

Plakat über Bauvorhaben Mittenmang in der Lehrter Straße, im Hintergrund ein vorbeifahrender Zug, Quelle: Eigene Aufnahmen vom 23.05.2016.

338 Vgl.: Abendschau Berlin vom 22.06.2016, online verfügbar unter: http://mediathek.rbb-online.de/tv/Abendschau/Neue-Wohnungen-für-Moabit/rbbFernsehen/Video?documentID=36140354&topRessort=tv&bcastId=3822076, letzter Stand: 27.06.2016.

Auf der gegenüberliegenden Seite der Bahnschienen befindet sich mit der Europacity ein weiteres der größten Neubaugebiete Berlins, welches rund 520 Wohnungen[339] umfassen soll und bereits die neue Deutschlandzentrale des Ölkonzerns Total beheimatet.[340] Somit kann Moabit als eines der größten Neubaugebiete Berlins gelten was Dienstleistungsgewerbe und Wohnungen betrifft. Dies wird, zum Beispiel durch Faktoren wie die Mietpreisanpassung über den Mietspiegel, Auswirkungen auf die angrenzenden Wohngebiete Moabits haben.

In vielen Altbauquartieren in Moabit lassen sich Modernisierungen erkennen, da bereits viele Fassaden verschönert wurden und neue Fenster eingesetzt wurden. Einige Häuser lassen anhand ihrer reichlichen Verzierungen eine zurückliegende Luxussanierung erahnen. Da die Eigentümerstruktur in Moabit mittlerweile undurchsichtig und internationalisiert ist, wurde im Jahr 2010 ein Projekt gestartet, welches zum Ziel hatte, eine Karte von Moabit mit einer Übersicht der Eigentumsverhältnisse zu erstellen. Hierzu wurden die Bewohner von Moabit Ost befragt, wer ihre Wohnung besitzt. Die Auswertung der Fragebögen zeigte, dass schon 2010 ungefähr 46 Prozent der Hausnummern in Moabit-Ost Großeigentümern oder Investmentfonds gehörten, nur 21 Prozent fielen noch auf private Einzeleigentümer. Der Rest teilt sich auf Wohnungsbaugesellschaften, das Land Berlin, sowie kleine Firmen und Genossenschaften auf.[341]

Der Kauf von Gebäuden durch Investoren, welche nicht in Berlin beheimatet sind, wird durch Unternehmen, wie zum Beispiel die ‚Immomanie real estate GmbH', vermittelt. Diese nennen als Referenz unter anderem ein Gebäude in Moabit, welches durch spanische Investoren gekauft und umgehend saniert wurde. Die Bewohner des Hauses scheinen dabei nicht von Interesse zu sein, da sie nicht erwähnt werden.[342]

Es gibt jedoch noch viele Gebäude, welche vereinzelt in einigen Straßen, oder gesammelt in der Nähe der Beusselstraße, nicht modernisiert wurden. Das Aufwertungspotenzial der Gebäude ist dabei sehr unterschiedlich, da durch die Lückenbebauung nach dem Zweiten Weltkrieg auch vereinzelt Neubauten in den

339 Vgl.: CBRE GmbH; Berlin Hyp Ag - Wohnmarktreport 2015, S. 18.

340 Vgl.: Senatsverwaltung für Stadtentwicklung und Umwelt – Europacity: Planung, online verfügbar unter: http://www.stadtentwicklung.berlin.de/planen/stadtplanerische_konzepte/heidestrasse/de/planung.shtml, letzter Stand: 27.06.2016.

341 Vgl.: Wem gehört Moabit? – Ergebnis: Eigentümerstruktur, online verfügbar unter: http://wem-gehoert-moabit.de/wp-content/uploads/2011/05/ErgebnisFaltblatt.pdf, letzter Stand: 27.06.2016.

342 Vgl.: Immomanie real estate GmbH – Referenzen, online verfügbar unter: http://immomanie.com/verkaufte-liegenschaften.html?page_n168=3, letzter Stand: 27.06.2016.

Altbauquartieren zu finden sind, welche stark heruntergekommen sind. Generell verfügten die meisten Wohnungen in Moabit bereits über Vollausstattung, was moderne Heizungen, Sanitäranlagen und Küchen einschließt. Somit sind die Aufwertungspotenziale und Möglichkeiten eingeschränkt.

Links: Modernisierte und verzierte Fassade in der Rathenower Straße, Mitte: stark heruntergekommener Neubau in der Beusselstraße, Unten: Altbau mit Aufwertungspotenzial in der Beusselstraße, Quelle: Eigene Aufnahmen vom 23.05.2016.

4.4.2 Daten zur sozialen Dimension der Aufwertung

Da der Ortsteil Moabit, im Gegensatz zum Wedding, zu keiner Zeit ein eigenständiger Bezirk Berlins war, gestaltet sich die Datenlage kompliziert, weil das statistische Landesamt Berlin-Brandenburg die Daten auf den Ebenen der Planungsräume und statistischen Gebiete nur geringfügig veröffentlicht. Für die Zeit vor der Bezirksreform im Jahr 2001 kann jedoch auf Daten des ehemaligen Bezirks Tiergarten zurückgegriffen werden, welcher neben dem Ortsteil Moabit lediglich Teile des Tiergartens, des Hansaviertels und des Potsdamer Platzes umfasste. Der Großteil der erfassten Bewohner im Bezirk Tiergarten wohnte jedoch in Moabit, weshalb die Daten nur geringfügig verzerrt sind und für einen Vergleich ausreichen.

Tab. 18 – Einwohner, Ausländeranteil und Wohnungen im Bezirk Tiergarten

Jahr	Einwohner	Ausländer total und in Prozent	Wohnungen
1985	71.000	16.348 – 23,1%	54.602
1990	93.800	19.875 – 21,2%	50.884
1995	92.861	23.158 –24,9%	50.721
2000	88.739	25.637 –27,6%	52.597

Quelle: Statistisches Landesamt Berlin - Statistische Jahrbücher 1985, 1990, 1995, 2000.

Nach der Wiedervereinigung erlebte der Bezirk Tiergarten einen großen Bevölkerungsanstieg, welcher jedoch wieder abklang. Möglicherweise hing der Anstieg auch mit der nun möglich gewordenen Nutzung des Potsdamer Platzes zusammen. Der relativ starke Bevölkerungsrückgang entsprach dem allgemeinen Trend der innerstädtischen Gebiete in Berlin in den späten 1990er Jahren. Besonders Familien zogen zu dieser Zeit oft in das Umland Berlins. Die Zahl der Ausländer im Bezirk stieg dagegen weiter stark an. Die Zahl der Wohnungen ging zwar nach der Wiedervereinigung zurück, stieg bis zum Jahr 2000 jedoch wieder an, obwohl insgesamt weniger Menschen im Bezirk lebten, was vermutlich zu einem Überangebot und dadurch zu niedrigen Mietpreisen führte.

Moabit galt in den 1990er Jahren als ein Problemgebiet in Berlin, da der Arbeitslosenanteil und Ausländeranteil sehr hoch und der Wanderungssaldo negativ war, wobei besonders mittelständische Familien in die Umgebung Berlins weggezogen. Dies ist hier durch eine Erhebung aus dem Jahr 1996 (siehe Tab. 15) illustriert.

Tab. 19 – Sozialstruktur in Moabit 1996

Gebiet (Statistisches Gebiet)	Einwohner	Anteil der Arbeitslosen an 16–65 jährigen in %	Ausländeranteil in %	Anteil der Senioren, Einwohner über 64 Jahre in %	Wanderungssaldo 1994–1996 in %
001 – Westhafen	4.901	/	33,91	7,9	+4,5
002 – Turmstraße	49.040	/	30,06	10,8	-8,5
003 – Hansaviertel	25.451	/	16,79	15,9	-3,3
Moabit Gesamt	**79.392**	**9,5**	**26,92**	**11,53**	**-2,4**
Berlin Gesamt	**3.428.645**	**7,8**	**12,95**	**13,8**	**+1,1**

Quelle: Senatsverwaltung für Stadtentwicklung, Umweltschutz und Technologie Berlin - Sozialorientierte Stadtentwicklung 1998.

Moabit galt zu dieser Zeit noch als Arbeiterbezirk, obwohl ein großer Teil des produzierenden Gewerbes bereits den Standort verlassen hatte. Zudem waren viele Gastarbeiter mit ihren Familien und Nachkommen in Moabit, hauptsächlich in dem Gebiet des Beussel-Kiezes. Vor allem dort galt die Bewohnerdichte als hoch. Es gab zudem eine hohe Zahl an Personen, welche abhängig von Transferleistungen waren.[343]

Tab. 20 – Sozialdaten für den Bezirk Tiergarten im Jahr 2000

Erhebungsgebiet	Arbeitslosenquote im Jahr 1999	Zunahme der Arbeitslosigkeit 1995–1999 in %	Anteil von Single-Haushalten in %	Mittleres Haushaltseinkommen in Euro
Tiergarten	20,1	+2,5	**58**	1.300
Berlin	16,9	+3,7	47,5	1.480
Erhebungsgebiet	**Anteil von Sozialhilfeempfängern in %**	**Anteil von Arbeitern in %**	**Anteil von Selbstständigen und Beamten in %**	**Anteil der Einwohner mit Hochschulabschluss in %**
Tiergarten	12,2	29	21,1	15,7
Berlin	7,9	26,6	19,7	11

Fett gedruckte Zahlen sind Höchstwerte in Berlin, Quelle: Krajewski 2006, S. 190, 200.

343 Vgl.: Senatsverwaltung für Stadtentwicklung und Umwelt 1998, S. 54.

Der Bezirk Tiergarten stellt sich in dieser Erhebung als sehr durchmischt dar. Die Arbeitslosenquote und der Anteil an Sozialhilfeempfängern waren deutlich höher als der Berliner Durchschnitt. Die Zunahme der Arbeitslosigkeit fiel zwar geringer aus, jedoch vermutlich nur, weil diese bereits sehr hoch war. Das durchschnittliche Haushaltseinkommen lag noch 180 Euro unter dem bereits sehr niedrigem Durchschnitt Berlins. Erstaunlich ist dagegen, dass der Anteil an Einwohnern mit einem Hochschulabschluss mit 15,7 Prozent deutlich über dem Durchschnitt Berlins lag. Auch der Anteil an Arbeitern, sowie an Selbstständigen und Beamten war, für einen Innenstadtbezirk, hoch. Inwiefern sich diese Zahlen im Bezirk verteilten und durch aufsteigende Gebiete wie den Potsdamer Platz verzerrt wurden, ist nicht ersichtlich. Erwähnenswert ist der sehr hohe Anteil an Single-Haushalten, der mit 58 Prozent die Spitze Berlins darstellt und die Nachfrage nach kleineren Wohnungen erklärt.

Das durchschnittliche Haushaltseinkommen lag im Jahr 2006 (siehe Tab. 15) im Ortsteil Moabit immer noch deutlich unter dem Durchschnitt Berlins. Lediglich das Postleitzahlgebiet 10557 bildet hier, aus bereits genannten Gründen, eine Ausnahme. In den Jahren 2013 und 2015 (siehe Tab. 16 und 17) wurden, anstelle des Haushaltseinkommens, die Kaufkraft der Haushalte erhoben. Diese lag in Moabit zwar immer noch unter dem Berliner Durchschnitt, der relative Unterschied war jedoch deutlich geringer als noch 2006. Erstaunlich ist jedoch, dass die Kaufkraft im Jahr 2015 in allen Gebieten Moabits geringer war, als noch 2013. Da sich die Kaufkraft eines Haushalts auf Einkommen bezieht, welches nach Abzug wiederkehrender Kosten wie Mieten und Versicherungen übrig bleibt, ist davon auszugehen, dass in Moabit die Mieten stärker steigen, als die Haushaltseinkommen, wodurch der Mietzins steigt. Dies kann in der Folge zu einer Veränderung der Sozialstruktur und eventuell sogar zu einer Verdrängung der Bewohner aus dem Gebiet führen.

Tab. 21 – Sozialstruktur in Moabit 2012

Gebiet (Planungsraum)	Einwohner	Anteil der Arbeitslosen an 16–65 jährigen in %	Einwohner mit Migrationshintergrund in %	Anteil der Senioren, Einwohner über 64 Jahre in %	Anteil Alleinerziehender Haushalte an Haushalten mit Kindern in %
01022101 – Huttenkiez	3.142	12,63	45,89	unter 10	38,76
01022102 – Beusselkiez	5.849	13,56	54,56	unter 10	32,98
01022104 – Emdener Straße	17.089	10,09	44,87	10 bis 15	30,8
01022105 – Zwinglistraße	4.887	11,48	54,21	10 bis 15	30,86
01022106 – Elberfelder Straße	10.959	7,13	31,07	15 bis 20	28,22
01022201 – Stephankiez	10.000	10,29	45,24	unter 10	29,5
01022202 – Heidestraße	1.492	12,76	62,27	10 bis 15	31,03
01022203 – Lübecker Straße	6.751	12,61	57,03	10 bis 15	31,2
01022204 – Thomasiusstraße	5.677	7,95	34,91	15 bis 20	29,82
01022205 – Zillesiedlung	3.063	10,73	55,93	15 bis 20	27,42
01022206 – Lüneburger Straße	3.016	8,34	37,27	10 bis 15	30,18
01022207 – Hansaviertel	5.366	6,52	39,56	20 bis 30	24,86
Moabit Gesamt	**77.511**	**10,34**	**46,9**	**10 bis 15**	**30,46**
Berlin Gesamt	**3.469.621**	**8,07**	**26,48**	**19,2**	**31,64**

Quelle: Fis-Broker, LOR-Daten 2012, online verfügbar unter: http://fbinter.stadt-berlin.de/fb/index.jsp.

Seit 1996 hat sich die Sozialstruktur in Moabit zwar geändert, die Grundcharakteristik ist jedoch, wie aus Vergleichen mit den Erhebungen von 2000 und 2012 ersichtlich wird (siehe Tab. 20 und 21), erhalten geblieben. Weiterhin gibt es im

Ortsteil einen überdurchschnittlich großen Anteil Arbeitsloser, auch der Anteil an Einwohnern mit Migrationshintergrund ist immer noch hoch. Zu dem Anteil der Senioren an der Bevölkerung liegen 2012 keine genauen Daten vor, lediglich Schätzwerte. Es ist jedoch davon auszugehen, dass hier keine starke Veränderung stattfand, da sich die Schätzungen für den gesamten Ortsteil auf zwischen 10 und 15 Prozent beliefen. Insgesamt kann Moabit als relativ junger Ortsteil gesehen werden.

Moabit weist eine für einen Ortsteil in der Innenstadt relativ hohe Prozentzahl von Einwohnern mit einer Wohndauer über fünf Jahren auf, wobei diese leicht unter dem Durchschnitt Berlins liegt. Trotzdem fällt die Fluktuation, also das jährliche Wanderungsvolumen, deutlich höher aus als im Berliner Durchschnitt und liegt bei 33,1 Prozent. Dabei weisen fast alle Planungsräume Moabits einen positiven Wanderungssaldo auf, lediglich die Zillesiedlung erweist sich erneut als Außenseiter der allgemeinen Entwicklungen im Ortsteil, zusammen mit dem Hansaviertel. Ersterer Planungsraum weist allerdings eine große Altersarmut und eine sehr hohe Zahl von Jugendlichen mit Migrationshintergrund auf.[344]

Tab. 22 – Mobilität und Wohndauer in Moabit 2012

Gebiet (Planungsraum)	Wohndauer über 5 Jahre in %	Wanderungsvolumen in %	Wanderungssaldo in %	Wanderungssaldo Kinder unter 6 Jahre in %
Huttenkiez	45,84	42,67	+2,69	-1,21
Beusselkiez	46,8	44,56	+2,22	-6,61
Emdener Straße	53,13	32,73	+,072	-4,23
Zwinglistraße	51,13	37,04	+2,01	-6,83
Elberfelder Straße	59,25	26,41	+1,03	-2,07
Stephankiez	50,57	35,56	+1,41	-5,64
Heidestraße	61,42	24,43	+2,05	+6,19
Lübecker Straße	55,44	30,9	+3,39	+3,74
Thomasiusstraße	59,19	31,38	+1,31	-4,48
Zillesiedlung	58,7	30,76	-0,44	-1,66
Lüneburger Straße	58,48	26,73	+1,43	+3,51
Hansaviertel	59,57	34,16	-1,94	-3,57
Moabit – Gesamt	**54,96**	**33,11**	**+1,32**	**-1,9**
Berlin – Gesamt	**60,69**	**26,65**	**+1,37**	**+0,88**

Quelle: Fis-Broker, LOR-Daten 2012, online verfügbar unter: http://fbinter.stadt-berlin.de/fb/index.jsp.

344 Vgl.: Senatsverwaltung für Stadtentwicklung und Umwelt 2013, S. 81–82.

Bedenklich ist jedoch, dass trotz eines Anstiegs der Einwohnerzahlen das Wanderungssaldo von Kindern unter sechs Jahren teilweise negativ ausfällt, besonders im Beussel-Kiez, der ebenfalls eine hohe Altersarmut und einen hohen Ausländeranteil aufweist. Da Kinder nicht allein umziehen, ist davon auszugehen, dass in den betroffenen Gebieten viele Familien wegziehen. Zwar gibt es in einigen Planungsräumen auch einen positiven Wanderungssaldo von Kindern, es kann jedoch nicht nachgewiesen werden, ob es sich hierbei um die gleichen Familien handelt, die lediglich innerhalb Moabits umgezogen sind, oder ob hier ein selektiver Zu- und Fortzug bestimmter sozialer Gruppen stattfindet. Insgesamt liegt der Wanderungssaldo von Kindern in Moabit bei fast minus zwei Prozent.

In Sachen Bildung weist Moabit weiterhin einen relativ hohen Anteil von Personen mit Hochschulabschluss auf. Im Jahr 2009 hatten im Quartiersmanagementgebiet Moabit-West rund 25 Prozent der Bewohner einen Hochschulabschluss, was den Durchschnittswert von 15 Prozent in ganz Berlin weit übersteigt. Allerdings sind auch rund 10 Prozent der über 15-Jährigen, die sich nicht mehr in Ausbildung befanden, ohne jeglichen Abschluss gewesen. Auch ist der Unterschied zwischen Einwohnern mit und ohne Migrationshintergrund sehr groß: So haben 28 Prozent der Einwohner ohne Migrationshintergrund einen Hochschulabschluss, während nur 18 Prozent der Bewohner mit Migrationshintergrund einen Hochschulabschluss aufweisen. Bei der Gruppe ohne Berufsabschluss sind Migranten jedoch weit vor den Personen ohne Migrationshintergrund. Somit weist Moabit ein sehr gespaltenes Bild in Sachen Bildung auf.[345]

Insgesamt wird dem Ortsteil Moabit jedoch eine positive soziale Entwicklung und eine überdurchschnittlich positive Tendenz bestätigt.[346]

4.4.3 Daten zur funktional-symbolischen Dimension der Aufwertung

Der Ausbau der Infrastruktur erfolgte in Moabit vergleichsweise schnell, da der ehemalige Lehrter Bahnhof zum neuen Berliner Hauptbahnhof umgewandelt wurde. Die vorherige Randlage des Ortsteils Moabit in Westberlin schnitt diesen teilweise vom Nah- und Fernverkehr ab. Mit dem Fall der Mauer war Moabit plötzlich in unmittelbarer Nähe zur Innenstadt, dem Potsdamer Platz und dem Regierungsbezirk, weshalb er als Verkehrsknotenpunkt in Frage kam.

345 Vgl.: TOPOS Stadtplanung 2009, S. 15.

346 Vgl.: Senatsverwaltung für Stadtentwicklung und Umwelt 2015 – Monitoring soziale Stadtentwicklung Berlin 2015, S. 3.

Oben: S-Bahnhof Lehrter Bahnhof 1997, Unten: Baustelle des Hauptbahnhofs Lehrter Bahnhof 2002, Quelle: Berlin in den 90er, online verfügbar unter: http://90erberlin.tumblr.com/tagged/Moabit, letzter Stand: 27.06.2016.

Der alte Lehrter Bahnhof wurde abgerissen und wich einem Neubau mit Glasfassade. In der direkten Umgebung des Bahnhofs entstanden zudem eine Vielzahl an Hotels, Hostels und neuerdings auch Gastronomiebetriebe und Systemgastronomie.

Oben: Hauptbahnhof mit Bus- und Straßenbahnanbindung im Westen, Unten: Hauptbahnhof mit Hotelneubau von Westen, Quelle: Eigene Aufnahmen vom 23.05.2016.

Im Rahmen des Ausbaus der Anbindungen an den neuen Hauptbahnhof wurden auch neue Bus- und Straßenbahnlinien gebaut, wodurch auch Teile Moabits profitierten, die nicht in unmittelbarer Nähe zum Lehrter Bahnhof liegen. Der weitere Ausbau einiger Straßenbahnlinien ist in Planung und soll in Zukunft auch die Gebiete Turmstraße, Lübecker Straße, Waldstraße und Alt-Moabit abdecken.[347] Des Weiteren liegt Moabit innerhalb des Berliner S-Bahn-Rings und auch der Flughafen Tegel ist durch die gute Anbindung an den Nahverkehr schnell zu erreichen. Somit scheint die Versorgung mit öffentlichen Verkehrsmitteln überdurchschnittlich gut. Da im Rahmen des Baus des neuen Hauptbahnhofes auch das Straßennetz zum Teil erneuert wurde, ist dieses in den meisten Gebieten Moabits ebenfalls gut, während die Seitenstraßen der meisten Altbau- und Neubaugebiete verkehrsberuhigt sind.

Die Nähe zur Berliner Mitte und den dazugehörigen Sehenswürdigkeiten macht Moabit auch bei Touristen beliebter. Es gibt, wie bereits erwähnt, eine Vielzahl neuer Hotels in der Umgebung des Bahnhofes, doch auch in den anderen Quartieren eröffnen Unterkünfte, die sich vor allem an ein junges, internationales Publikum richten. So gibt es beispielsweise in der Lehrter Straße und der Seydlitzstraße Hostels. Zwar sind diese im Moment noch als preisgünstige Alternative zu Unterkünften in Kreuzberg oder Mitte anzusehen, die gute Anbindung und Nähe zu den touristischen Zentren der Stadt bergen jedoch noch viel Potenzial für die Zukunft. Eine Anpassung der Gastronomie und Gelegenheitsstrukturen in direkter Nähe zu den Hostels ist ebenfalls vorstellbar. Generell ist mit einer zunehmenden Bedeutung des Tourismus im Gebiet zu rechnen.

[347] Vgl.: Steglich 2016b, S. 4.

Oben: A&O Hostel in der Lehrter Straße, Unten: Hauptbahnhof mit Hotelneubauten von Süden, Quelle: Eigene Aufnahmen vom 23.05.2016.

Auch kulturell präsentiert sich Moabit vielseitig. So gibt es das Museum der Gegenwart, den Hamburger Bahnhof, welches das größte Gebäude der Nationalgalerie ist.[348] Neben der Hochkultur wird in Moabit allerdings auch die Kiezkultur zelebriert, beispielsweise in einer der vielen typischen Kiez-Kneipen, oder auch

348 Vgl.: Hamburger Bahnhof - über uns, online verfügbar unter: http://www.smb.museum/museen-und-einrichtungen/hamburger-bahnhof/ueber-uns/profil.html, letzter Stand 27.06.2016.

im Cafe-Moabit, wo regelmäßig Lesungen und Comedy-Abende stattfinden. Der Erhalt der Eigentümlichkeit und des besonderen Flairs des Ortsteils Moabit scheinen dabei ein besonderes Anliegen zu sein. Hierfür wurde auch eine Imagekampagne mit dem Titel ‚Moabit ist Beste' ins Leben gerufen, welche durch einen inoffiziellen Bürgermeister, ‚Kapitän Kiez', vertreten wird. Moabit präsentiert sich hier verrückt und quirlig, aber auch angesagt und einzigartig, sowie untereinander solidarisch. Ziel ist es, dass die Bewohner Moabits miteinander ins Gespräch kommen, Netzwerke bilden und so den Alltag, sowie Probleme im Wohnumfeld meistern können um dadurch Moabit nach außen attraktiver zu machen.[349]

Die Eigentümlichkeit Moabits, sowie die Kreativität und die Projekte junger Künstler, werden allerdings auch von Investoren genutzt, um ihre Immobilien zu bewerben und so weitere Kreative in das Gebiet zu holen. Dies ist beispielsweise in einem Kunstprojekt in der Entstehungsphase des Neubaugebiets Mittenmang geschehen.[350] Die Eigentümlichkeit des Gebiets könnte unter Umständen so verwässert werden.

Die Verbesserung der Infrastruktur im Ortsteil wird auch auf Grünflächen und Parks ausgeweitet. So konnte im Mai 2016 der Kleine Tiergarten Ost nach einer Erneuerung wiedereröffnet werden.[351]

Das Gewerbe in Moabit ist vielseitig und, im Gegensatz zu vielen anderen Stadtteilen Berlins, geprägt von kleinen, privaten Gewerbebetrieben. Große Unternehmen und Ketten haben sich hier bisher kaum angesiedelt, was dem generellen Trend der Homogenisierung der Ladenstraßen entgegenläuft. Im Hauptbahnhof lassen sich Filialen solcher internationalen Konzerne allerdings finden.

---

349 Vgl.: Moabit ist Beste, online verfügbar unter: http://moabit-ist-beste.de, letzter Stand: 27.06.2016.

350 Vgl.: Abendschau Berlin vom 22.06.2016, online verfügbar unter: http://mediathek.rbb-online.de/tv/Abendschau/Neue-Wohnungen-für-Moabit/rbb-Fernsehen/Video?documentId=36140354&topRessort=tv&bcastId=3822076, letzter Stand: 27.06.2016.

351 Vgl.: Steglich 2016a, S. 3.

Tab. 23 – Gewerbliche Einrichtungen im Quartiersmanagementgebiet Moabit-Ost

Art der gewerblichen Einrichtung in Moabit-Ost	2010	2012
Gastronomie	37	42
Konsumgüter	44	43
Haar, Körperpflege und Gesundheitsdienstleistung	25	27
Gewerbebetriebe	78	79
Soziale und kulturelle Einrichtungen	26	25
Leerstand	62	65
Einrichtungen insgesamt	210	216

Gewerbliche Einrichtungen im Quartiersmanagementgebiet Moabit-Ost, Quelle: Goryanoff; 2012, S. 4.

Die hier gezeigten Zahlen gelten zwar nur für den Bereich des Quartiersmanagement Ost in Moabit, können jedoch durchaus als repräsentativ für den gesamten Ortsteil gesehen werden. Die lokale Ökonomie weist demnach eine gewisse Stabilität auf, auffällig ist lediglich der Anstieg der Gastronomiebetriebe zwischen 2010 und 2012, wobei sich diese zum Großteil aus Fast Food-, Café- und Imbiss-Betrieben zusammensetzten. Im Bereich der Lebensmittelversorgung stehen nur geringe Ladenflächen für die privaten Einzelhändler zur Verfügung, welche zudem über problematische Existenzbedingungen klagten. Ein Wandel im Konsumverhalten, weg von kleinen privaten Verkäufern, wie zum Beispiel türkischen Obst- und Gemüsehändlern, hin zum Konsum in Supermärkten, ist vorstellbar.[352]

In Moabit ist, auch durch die räumliche Nähe zum Prenzlauer Berg, ein starkes Bewusstsein über eventuell bevorstehende Gentrifizierungsprozesse vorhanden. So entstand im Jahr 2010 ein Projekt mit dem einfachen Namen ‚Moabit Gentrifizierung', welches sich zum Ziel gesetzt hat, Tendenzen der Gentrifizierung in einer interaktiven Karte von Moabit zu erfassen und zu kategorisieren. Mittlerweile sind mehr als 300 Einträge gesammelt worden, wobei der Schwerpunkt auf Neu- und Ausbau von Wohnhäusern, sowie der Eröffnung alternativer Gewerbekonzepte liegt. Die Plattform bietet zwar nur einen subjektiven Blick auf die Entwicklungen in Moabit, möchte jedoch auf Gentrifizierungstendenzen aufmerksam machen, wie sie in Kreuzberg und Prenzlauer Berg zu Gentrifizierungsprozessen

352 Vgl.: Goryanoff 2012, S. 4–5.

führten. Somit ist dieses Projekt nicht nur eine Erfassung von Bau- und Gewerbeaktivitäten im Ortsteil, sondern auch eine Form des öffentlichen Protests mit dem Ziel der Aktivierung und Mobilisierung der Bewohner Moabits.[353]

4.4.4 Fazit zum Nachweis der Gentrifizierung in Berlin Moabit

Der Ortsteil Moabit von Berlin präsentierte sich in den verschiedenen vorgestellten Erhebungen, aber auch in einer Gebietsbegehung, als sehr durchmischt. Zwar hat sich in den Vergangenen 20 Jahren viel verändert, es wurde jedoch deutlich, dass die charakteristischen Strukturen im Gebiet – egal ob sozial, gewerblich oder baulich – zum größten Teil erhalten geblieben sind. Lediglich bei der Nahverkehrsinfrastruktur ließen sich sehr große Veränderungen nachweisen.

Moabit konnte nicht so stark von der Wiedervereinigung profitieren, wie es manche vermutet haben. Selbst die direkte Nähe zur Innenstadt und zum neuen Regierungsviertel konnte lange Zeit keine weitreichenden Aufwertungen im Gebiet fördern. Dies hing vermutlich mit den deutlich höheren Aufwertungspotenzialen zusammen, welche in den 1990er und 2000er Jahren in Prenzlauer Berg, Mitte und Kreuzberg ausgenutzt wurden.

Moabit entwickelte sich zu einem der Problemgebiete Berlins, mit hoher Arbeitslosigkeit und sehr vielen Migranten, welche sich in bestimmten Quartieren konzentrierten und geringe Haushaltseinkommen aufwiesen. Durch die Ausschöpfung der Aufwertungspotenziale in anderen innenstadtnahen Gebieten und die dargestellte Wanderungsbewegung von Pionieren lag die Vermutung jedoch nahe, dass Moabit in Zukunft einem großen Aufwertungsdruck unterliegen könnte.

Tatsächlich lassen sich seit den 2010er Jahren gewisse Tendenzen erkennen, welche für einen einsetzenden Gentrifizierungsprozess sprechen.

- Steigende Mietpreise: Die Mieten in Moabit steigen sehr viel stärker als im Rest Berlins, was auch mit fehlendem Leerstand, erhöhter Nachfrage und allgemein steigenden Kosten im Niedrigpreissektor zusammenhängt. Jedoch sind Neuvermietungspreise oft sehr viel höher, auch ohne eine vorherige Modernisierung. Es kann teilweise von Mietgentrifizierung gesprochen werden.

---

353 Vgl.: Moabit Gentrifizierung, online verfügbar unter: https://moabit.crowdmap.com, letzter Stand: 29.06.2016.

- Die Neubauaktivität in Moabit ist sehr groß, sowohl für Gewerbe, als auch für Wohnungen. Viele dieser Neubauten sprechen eine eher wohlhabendere Zielgruppe an, die Kosten für Eigentumswohnungen und Mietwohnungen sind relativ hoch, was über den Mietspiegel Auswirkungen auf den gesamten Ortsteil hat. Die Altbaustruktur im Gebiet wird weiterhin an internationale Investoren verkauft und teilweise aufgewertet, wobei das Potenzial geringer ausfällt als beispielsweise in den 1990er Jahren in Prenzlauer Berg. Es könnte deshalb eher zu einer New-Build-Gentrifizierung kommen. Auch ‚Gated Communities' sind denkbar.
- Die Sozialstruktur unterlag einem Wandel hin zur Annäherung zum Durchschnitt Berlins. Somit kann noch nicht von einem Austausch der Bevölkerung anhand sozialer Merkmale gesprochen werden. Wahrscheinlicher ist ein Fahrstuhleffekt für die meisten Bewohner Moabits. Einzelfälle von Verdrängung sind jedoch bekannt und werden in Literatur und Medien erwähnt.[354]
- Der sehr hohe Anteil an Personen mit Hochschulabschluss spricht für eine beginnende Invasion sogenannter Pioniere, allerdings war dieser Anteil in Moabit schon lange höher als im Rest Berlins. Die Kombination der Nähe zur Innenstadt, das Vorhandensein vieler kleinerer Wohnungen, auch in Altbauten und die im Vergleich mit Stadtteilen wie Kreuzberg günstigen Mietpreise, sowie die hohe Zahl an Single-Haushalten, sprechen allerdings für eine solche Entwicklung.
- Die hohe Fluktuation in Kombination mit dem Fortzug von Kindern und ihren Familien spricht für selektive Zu- und Abwanderungen in und aus dem Gebiet. Ein Zuzug von Pionieren oder gar Gentrifiern kann nicht nachgewiesen werden, ist aber denkbar.
- Moabit verbesserte in den letzten Jahren sein Image und gilt nun weniger als Problemgebiet, als früher. Ursächlich waren hierfür eine Verbesserung der Sozialstruktur, aber auch verschiedene Imagekampagnen der Bevölkerung, sowie die Nähe zur Innenstadt und somit die Attraktivität für Touristen. Von einer Touristification kann zwar nicht gesprochen werden, die Zunahme der Hotels und Hostels spricht allerdings für einen wachsenden Tourismus in Moabit, was oft auch Pioniere und Gentrifier anzieht.

[354] Vgl.: Holm 2014, S. 74–75.

- Die Verkehrsinfrastruktur im Gebiet ist sehr gut ausgebaut, Grünflächen und Spielplätze sollen folgen. Entsprechend ist das Gebiet attraktiv für Personen, die in der Innenstadt arbeiten.

Der Faktor Lebensstil kann als Indikator hier nicht in ausreichender Weise nachgewiesen werden, was vermutlich mit den bisher eher geringfügigen Entwicklungen zusammenhängt.

Nach dieser Auswertung lassen sich genügend Indikatoren für eine Gentrifizierung finden, jedoch sind diese sehr gering ausgeprägt. Somit sollten diese eher als Potenziale verstanden werden. Moabit kann, vorausgesetzt die positiven Entwicklungen der letzten Jahre halten an, tatsächlich Gentrifizierungsprozesse durchlaufen. Bisher lassen sich diese jedoch nicht eindeutig nachweisen, da vor allem die Veränderung der Sozialstruktur sehr gering ausfällt und diese sich weitgehend nur dem Berliner Durchschnitt angeglichen hat. Auch bauliche und funktional-symbolische Indikatoren werden erfüllt, wobei Moabit erneut keine starken Gentrifizierungstendenzen aufzeigt.

Moabit kann entsprechend in die erste Phase des Phasenmodells der Gentrifizierung eingeordnet werden – wobei dies eine gewagte These ist. Der hohe Anteil an Personen mit Hochschulabschluss, sowie viele Single-Haushalte, wenige Kinder und viele kleinere Wohnungen stützen diese Vermutung. Auch widerspricht sich eine erste Invasion von Pionieren nicht mit der gezeigten Sozialstruktur, da diese selbst über wenig Geld verfügen. Eine Verdrängung liegt in Moabit kaum nachweislich vor, was ebenfalls zur ersten Phase passt. Der Ortsteil ist zudem jung, was zu den sozialen Merkmalen der Pioniere passt.

Zwar wird Moabit in die erste Phase des Phasenmodells der Gentrifizierung eingeordnet, dies jedoch nur, weil es bisher viele Veränderungen gab, welche jedoch gering ausfallen. Es besteht auch die Möglichkeit, dass diese Entwicklungen überbewertet wurden. Die Bewohner Moabits zeigen zumindest eine starke Neigung zu dieser Überbewertung und in dieser Arbeit wurde, durch verschiedene Internetplattformen, auf diese zurückgegriffen.

An dieser Stelle soll zudem nochmals auf die drei Typen gentrifizierter Gebiete nach Bouali und Gude verwiesen werden. Moabit kann dabei weder als Gebiet im Gentrifizierungsprozess, noch als Gebiet ohne diese Prozesse verstanden werden, sondern ordnet sich eher zwischen Typ zwei und drei ein. Zwar ist auch in Gebieten mit überwiegend einkommensärmerer Bevölkerung der vermehrte Zuzug von Studenten, welche fälschlicherweise als Pioniere identifiziert werden, denkbar.

Allerdings sind besonders die baulichen, preislichen und infrastrukturellen Entwicklungen in Moabit zu intensiv, um das Gebiet als Typ drei der gentrifizierten Gebiete zu identifizieren.

Es bleibt also abzuwarten, ob in Zukunft Aufwertungs- und Gentrifizierungsprozesse in Moabit eintreten und eine Verdrängung der Bevölkerung stattfindet. Das Potenzial dazu hat Moabit in jedem Fall, vor allem durch seine vielen Neubauprojekte. Eine abschließende Aussage zu diesem Gebiet zu treffen erscheint schwierig. Eine bereits stark verlaufende Gentrifizierung, wie sie von einigen Bewohnern des Quartiers vermutet wird, kann keinesfalls nachgewiesen werden. Die bisherigen Aufwertungen und Veränderungen sprechen allerdings dafür, dass dieser Prozess möglicherweise vor kurzem begonnen hat und sich in Zukunft ausweiten könnte, wodurch Moabit in die zweite Phase des Phasenmodells der Gentrifizierung rutscht.

Moabit sollte deshalb, vor allem in den nächsten fünf bis zehn Jahren, gut beobachtet werden. Die Politik und die Bewohner haben noch die Möglichkeit, die Gentrifizierungsprozesse zu beeinflussen und eventuell zu steuern. Hierfür müssen geeignete Maßnahmen gefunden werden, wie beispielsweise eine Betroffenenbeteiligung oder der Bau weiterer Sozialwohnungen, möglichst durch die öffentliche Hand. Das bereits starke Bewusstsein der Öffentlichkeit für Gentrifizierungsprozesse bietet Moabit dabei einen Vorteil, den Ortsteile wie Prenzlauer Berg und Kreuzberg nicht hatten.

Auch sollte darüber nachgedacht werden durch Maßnahmen wie die Einrichtung von Quartiersmanagements oder Interessengemeinschaften ein ‚Incumbent Upgrading‘ einiger Wohngebiete, vor allem in der Nähe der Beusselstraße, anzuregen. Die geringfügige Aufwertung dieser besonders von Desinvestitionspolitik betroffenen Bereiche durch die derzeitigen Bewohner kann unter Umständen den Verkauf von Wohnhäusern an Investoren verhindern und somit die Bewohner vor Verdrängung Schützen. Hierbei sind vor allem Maßnahmen an den Fassaden der Gebäude, sowie an den kleineren Grünflächen probate Mittel. In jedem Fall kann so das Gefühl einer Opferrolle der Gentrifizierung einiger Bewohner Moabits eingeschränkt werden, da sie eine tatsächliche Strategie für den Erhalt ihres Wohngebiets erhalten.

Schlussteil und Fazit

Im Vorfeld dieser Arbeit stellten sich mehrere Fragen, welche beantwortet werden sollten. Das Hauptziel der Arbeit war es, Gentrifizierungstendenzen in den Untersuchungsgebieten Berlin Wedding und Berlin Moabit nachzuweisen, oder gegebenenfalls zu widerlegen. Die hierzu festgelegten Indikatoren konnten aufgrund der teils sehr schwierigen Datenlage für die beiden Quartiere nicht vollständig überprüft werden. Dennoch ist ein guter Überblick über beide Ortsteile entstanden und es ließen sich gewisse Trends und Tendenzen erkennen.

In diesem Zusammenhang ist zugleich ein größeres Bild über das Phänomen Gentrifizierung entstanden. Seitdem dieser Begriff an Popularität gewonnen hat, scheint es so, als muss er stellvertretend für eine Vielzahl von Entwicklungen – positive wie negative – in Großstädten herhalten. Dies kann daran liegen, dass eine generelle Verwirrung darüber herrscht, was Gentrifizierung genau ist und wie man diesen Prozess beschreibt und erkennt. Das sehr oberflächlich vermittelte Wissen der Medien steht dabei einer unübersichtlichen Zahl an Definitionen, Erklärungs- und Ursachenmodellen in der Forschung gegenüber. Es scheint fast so, als gebe es für jeden Gentrifizierungsprozess eine eigene Erklärung, eigene Definitionen und eigene Ursachen.

Um diese Vielfältigkeit zu verstehen wurde deshalb schnell klar, dass Gentrifizierung in dieser Arbeit auch von einer übergeordneten Ebene aus betrachtet werden muss. Die Unterschiedlichkeit verschiedener Gentrifizierungsverläufe wird oft auf die Einzigartigkeit der Städte zurückgeführt, in denen diese stattfinden.[355] Die Betrachtung der Stadt aus soziologischer Perspektive erschien deshalb sinnvoll und notwendig, um Untersuchungsgebiete besser verstehen zu können.

Wichtiger noch war jedoch die Einordnung von Gentrifizierungsprozessen in den Kontext der sozialen Ungleichheit einer Stadt. Daraus ergab sich die erste Forschungsfrage dieser Arbeit: Was ist Gentrifizierung, wie hängt das Phänomen mit sozialer Ungleichheit zusammen und welchen Einfluss haben Lebensstile auf diese Prozesse?

Gentrifizierung kann kurz beschrieben werden als die Verdrängung einer eher benachteiligten Bevölkerungsgruppe eines Wohngebiets durch eine wohlhabendere Gruppe. In diesem Rahmen kommt es meist zu Aufwertungen der Bausubstanz, der Sozialstruktur und Infrastruktur in diesem Gebiet. Verdrängung kann dabei direkt oder indirekt auftreten und ist nicht nur ein Nebeneffekt, sondern

355 Vgl.: Löw; Steets; Stoetzer 2008, S. 41–42.

entscheidender Bestandteil des Prozesses.[356] In dieser Arbeit wurden jedoch viele weitere Formen von Gentrifizierung vorgestellt, sowie eine Vielzahl an Definitionen, Erklärungs- und Ursachenmodellen.

Allgemein kann Gentrifizierung als die Manifestation von sozialer Ungleichheit in einer Stadt verstanden werden. Da die Vermögensungleichheit in Deutschland weiter wächst, nimmt auch die soziale Ungleichheit weiter zu. Die bisher in deutschen Großstädten vorherrschende Heterogenität der Bevölkerung scheint seit einigen Jahren jedoch verloren zu gehen, der Trend geht zu einer Homogenisierung von Wohngebieten. Viele Haushalte scheinen neben anderen Haushalten mit ähnlichen soziostrukturellen Merkmalen leben zu wollen und empfinden eine Durchmischung der Bevölkerung eines Quartiers als störend.[357] In diesem Rahmen kommt es zu selektiver Zu- und Abwanderung aus Gebieten, wobei sich die Haushalte am Markt durchsetzen können, welche über ausreichende finanzielle Mittel verfügen, ihren gewünschten Wohnraum nachzufragen. Ärmere Haushalte müssen sich dementsprechend mit den Gebieten arrangieren, die sie noch bezahlen können. Dies führt zu einer Aufteilung der Stadt in Gebiete mit armen Haushalten und problematischer Sozialstruktur und Gebiete mit wohlhabenden Haushalten. Dieses Phänomen wird als Segregation bezeichnet. Hierbei geht man jedoch noch von einer gewissen Freiwilligkeit des Umzugs aus – wobei diese Wahlfreiheit hauptsächlich bei den wohlhabenden Haushalten liegt.[358]

Werden benachteiligte Bewohner direkt oder indirekt aus ihrem Wohngebiet verdrängt, liegt eine Unfreiwilligkeit des Umzugs vor. Meist entsteht diese Verdrängung dadurch, dass vorhandene Aufwertungspotenziale im Gebiet ausgenutzt werden, zum Beispiel wird die Bausubstanz modernisiert, in der Hoffnung die Wohnungen danach möglichst teuer vermieten oder verkaufen zu können. Dies können sich die vorherigen Bewohner oft nicht leisten, sie sind jedoch ohnehin nicht die Zielgruppe der Investoren, die sich stattdessen junge, wohlhabende und stabile Haushalte als Kunden wünschen. In diesem Fall spricht man von Gentrifizierung. Entsprechend können Gentrifizierungsprozesse in Städten nur durch große soziale Ungleichheit in diesen entstehen.

Auch ein Zusammenhang zwischen Gentrifizierung und Lebensstilen wurde in der Arbeit offensichtlich. Lebensstile werden durch die Menschen, die sie ausleben, in unterschiedlichen Konsumverhalten ausgedrückt. Zu diesem Konsum

356 Vgl.: Holm 2013, S. 7.

357 Vgl.: Häußermann; Kapphan 2002, S. 228–229.

358 Vgl.: Blasius 1993, S. 43.

kann auch die Wohnung und ihr Standort gezählt werden. Innenstadtnaher Wohnraum ist in seiner Attraktivität durch eine zunehmende Reurbanisierung ohnehin gestiegen, hinzu kommt, dass dieser meist von Personen in bestimmten Altersgruppen nachgefragt wird. Diese sind oft jung und stehen noch vor entscheidenden Abschnitten in ihrem Leben, sind also meist unverheiratet und haben keine Kinder. Dies umfasst allerdings bereits ihre Gemeinsamkeiten, denn soziostrukturell und finanziell unterscheiden sich diese Haushalte enorm.

Gentrifizierung geht, nach Dangschat, von zwei Akteursgruppen aus: Den Pionieren und den Gentrifiern. Diese verfolgen bestimmte Lebensstile, zu denen ein innenstadtnaher Wohnraum passt. Pioniere sind zumeist Studenten, Künstler oder Freischaffende, Gentrifier dagegen Angestellte im Dienstleistungssektor in hohen Positionen. Andere Haushalte, wie Rentner, Arbeitslose oder Alleinerziehende, die durch ihren Lebensstil und ihre Lebensumstände ebenfalls auf innenstadtnahen Wohnraum angewiesen sind, leiden unter der steigenden Nachfrage auf dem Wohnungsmarkt.

Neue, urbane Lebensstile haben, durch eine Veränderung des Konsumverhaltens maßgeblich zu einer Steigerung der Attraktivität von Innenstädten beigetragen und so Gentrifizierungsprozesse nicht nur begünstigt, sondern womöglich sogar ausgelöst.

Die zweite Forschungsfrage bildete den Ausgangspunkt für diese Arbeit, in der die Untersuchung der Berliner Ortsteile Wedding und Moabit im Vordergrund steht. Sie lautet: Finden Gentrifizierungsprozesse in den Berliner Ortsteilen Wedding und Moabit statt? Falls ja, in welche Phase des Phasenmodells der Gentrifizierung lassen sich die Entwicklungen einordnen?

Wie aus den jeweiligen Fazits zum Nachweis der Gentrifizierung in den Ortsteilen Wedding und Moabit ersichtlich wird, entwickeln sich die Untersuchungsgebiete trotz ähnlicher Ausgangssituationen relativ unterschiedlich.

Wedding ist ein Ortsteil mit einer sehr problembehafteten Vergangenheit, von der sich dieser gerne trennen möchte. Eine Annäherung an den Durchschnitt Berlins in soziostruktureller und finanzieller Hinsicht fand zwar, wie festgestellt wurde, statt. Wedding gilt mit seinen fünf Quartiersmanagementgebieten, weiterhin hoher Arbeitslosigkeit und einem großen Anteil an Ausländern und Migranten jedoch weiterhin als problematisch.

Die Mietpreise im Ortsteil sind zwar gestiegen, jedoch liegen sie zumeist noch immer unter dem Berliner Durchschnitt. Neubauprojekte oder umfassende Modernisierungsarbeiten konnten nicht festgestellt werden, ebenso liegen keine bekannten Fälle von Verdrängungen vor. Der durch Anwohner, Medien und Forscher geäußerte Verdacht, dass in Wedding eine Gentrifizierung bevorsteht oder bereits begonnen hat, konnte nicht belegt werden. Entsprechend wird der Ortsteil Wedding auch in keine Phase des Phasenmodells der Gentrifizierung eingeordnet. Wedding kann somit als Typ drei der gentrifizierten Gebiete nach Bouali und Gude gelten, in welches immer mehr Studenten und Künstler kommen, die mit typischen Pionieren verwechselt werden.

Wedding verfügt durchaus über Aufwertungspotenziale, so setzt sich die Bevölkerung zu großen Teilen aus benachteiligten Haushalten zusammen und die Gebäudestruktur ist durch einen hohen Anteil an Altbauten relativ attraktiv. Doch ein schlechter Ruf, hohe Verkehrs- und Lärmbelastung, sowie teilweise fehlende Bildungsinfrastruktur und die in den nördlichen Quartieren hohe Entfernung zur Innenstadt halten Investoren noch davon ab, diese zu nutzen.

Ausnahmen vom generellen Trend gibt es in Wedding allerdings auch: Der Schillerpark und der Sparrplatz traten in den Statistiken immer wieder hervor. Besonders im letzteren Quartier könnten, durch den Neubau der Bundesnachrichtendienstzentrale im angrenzenden Ortsteil Mitte, in den nächsten Jahren Aufwertungspotenziale genutzt werden.

Anders zeigt sich dagegen der Ortsteil Moabit. Hier gab es in den letzten Jahren eine leichte Verbesserung der Sozialstruktur, welche sich dem Durchschnitt Berlins angenähert hat, dabei jedoch teilweise überdurchschnittlich positive Dynamiken aufwies. Besonders der Mietpreis ist stark gestiegen, um bis zu 75 Prozent zwischen 2006 und 2015. Zwar gibt es im Gebiet weiterhin viele benachteiligte Haushalte, auffällig war aber der relativ hohe Anteil von Einwohnern mit Hochschulabschluss. Es besteht die Möglichkeit, dass viele finanziell eher schwache Haushalte in den nächsten Jahren zu wohlhabenden Haushalten aufsteigen könnten, wenn diese Studenten ihre erste Festanstellung antreten.

Weiterhin ist die Neubauaktivität in Moabit sehr hoch. Mit den Projekten Mittenmang und der Europacity befinden sich zwei der größten Neubaugebiete Berlins in diesem Ortsteil. Für die geplanten Wohnungen, welche teils im oberen Marktsegment angesiedelt sind, werden relativ hohe Mieten verlangt, was über die lokalen Mietspiegel auch Auswirkungen auf die Mieten im Rest Moabits haben wird.

Weiterhin hat Moabit sehr gute Anbindungen an die Innenstadt sowie an das Regierungsviertel und auch der Neubau des BND liegt in der Nähe des Ortsteils. Moabit kann dementsprechend von der Reurbanisierung profitieren, da der Platz in anderen innenstadtnahen Ortsteilen Berlins bereits zu knapp geworden ist. Allerdings wird dies den Druck auf dem Immobilien- und Wohnungsmarkt weiter erhöhen, weshalb in Zukunft stark steigende Preise und daraus resultierende Verdrängung möglich sind. Aufwertungspotenziale gibt es zum Beispiel durch Altbauten, welche noch nicht modernisiert sind und einen immer noch großen Teil an benachteiligten Haushalten. Investoren scheinen diese Potenziale auch wahrnehmen zu wollen.

Moabit kann entsprechend in die erste Phase des Phasenmodells der Gentrifizierung eingeordnet werden, möglicherweise vollzieht sich in naher Zukunft der Schritt zur zweiten Phase. Nach Bouali und Gude passt Moabit momentan weder zu Typ zwei, noch zu Typ drei der gentrifizierten Gebiete, der Ortsteil scheint aber eher zum zweiten Typ zu tendieren, also zu einem Quartier im Gentrifizierungsprozess zu werden.

Die dritte und letzte Forschungsfrage dieser Arbeit lautet: Welche zukünftigen Entwicklungen sind in den Untersuchungsgebieten zu erwarten und wie kann auf diese noch Einfluss genommen werden?

Auch hier müssen beide Ortsteile getrennt betrachtet werden. Wedding konnte von der Wiedervereinigung nicht profitieren und verlor besonders die stabilen Haushalte und Familien durch die Suburbanisierung. Der folgende selektive Zuzug von Benachteiligten sorgte für eine problematische Sozialstruktur im Gebiet. Von diesen Abwertungsprozessen scheint sich Wedding seit einiger Zeit zu erholen, dieser Prozess dauert jedoch noch an. In naher Zukunft wird sich in Wedding vermutlich wenig an der Sozialstruktur mit einem großen Anteil Benachteiligter ändern. Dadurch werden vermutlich auch Investitionen in die Wohngebäude oder Neubauprojekte ausbleiben.

Der Ortsteil Wedding hat aber auch Potenziale zur Verbesserung seiner Lage ohne einen zwingenden Austausch der Bevölkerung. So könnte der Ausbau der Gewerbe, vor allem im Bereich des bestehenden Technologieparks, ausgeweitet und mit dem kleinflächigen Neubau von Wohnungen im westlichen Wedding verbunden werden, um gut qualifizierte Anwohner anzulocken. Außerdem besteht die Möglichkeit eines Incumbent Upgrading, gesteuert von den verschiedenen Quartiersmanagements in Zusammenarbeit mit den Anwohnern. Diese könnten so ihre Wohnsituation entsprechend ihrer Möglichkeiten geringfügig verbessern, um eine Werterhaltung der Bausubstanz zu erreichen. Dadurch wäre der günstige Kauf einer Immobilie durch Investoren, die anschließende Aufwertung und Verdrängung der Bevölkerung erschwert.

Diese Maßnahmen können mit Imagekampagnen verbunden werden, wodurch auch der Ruf des Gebiets wieder steigen könnte. Der Ortsteil Wedding könnte zu einem attraktiven Wohngebiet nahe der Innenstadt werden, ohne gentrifiziert zu werden, sofern entsprechend früh auf solche Tendenzen geachtet wird. Hierfür ist die Unterstützung durch die Quartiersmanagements und die Politik entscheidend.

Besonderes Augenmerk sollte in Zukunft auf dem Gebiet Sparrplatz liegen, da es durch seine Nähe zur neu entstehenden Zentrale des Bundesnachrichtendienstes womöglich großem Aufwertungsdruck unterliegen wird. In diesem Quartier werden die größten Potenziale für Gentrifizierungsprozesse in Wedding in den nächsten Jahren gesehen.

Die Gebiete im Norden Weddings könnten durch die Schließung des Flughafens Tegel profitieren, was allerdings noch einige Jahre dauern wird, da eine weitere Nutzung bereits geplant ist. Auf erste spekulative Investitionen gebietsfremder Firmen sollte hier besonders geachtet werden.

Dem Ortsteil Moabit wurde nach der Wiedervereinigung großes Potenzial vorhergesagt, doch auch hier verschlechterte sich die soziale, finanzielle und bauliche Lage. Durch die Ansiedlung des Regierungsviertels, den Bau des neuen Hauptbahnhofs, sowie die Nähe zur City-West und dem Gebiet um den Potsdamer Platz, konnte die Lage in Moabit allerdings schneller verbessert werden.

In den nächsten Jahren kann in Teilen eine Aufwertung der Bevölkerungsstruktur und der Bausubstanz erwartet werden. Diese wird anfangs vorrangig durch die Ansiedlung wohlhabenderer Haushalte in den jetzigen Neubaugebieten Mittenmang und Europacity beeinflusst sein. Womöglich werden in Zukunft weitere Neubauprojekte in Moabit ausgeschrieben, da noch einige Brachflächen vorhanden sind. Inwiefern sich diese Aufwertungspotenziale auf den Rest Moabits übertragen ist unklar. Der Ortsteil verfügt allerdings durch seine Bausubstanz, welche bereits teilweise modernisiert ist, über viele attraktive Wohngebiete und weist einen großen Anteil gut gebildeter Einwohner auf. Durch die Ausweitung des Dienstleistungssektors im Gebiet könnten zusätzliche wohlhabende Haushalte angelockt werden, was allerdings auch bedeuten könnte, dass kleinere Einzelhandelsgewerbe verdrängt würden.

Die Mietpreise sind in Moabit bereits stark gestiegen und werden in den nächsten Jahren vermutlich weiter steigen, was die Gefahr der Verdrängung von Teilen der Bevölkerung birgt. Diese Verdrängung kann in Moabit durch den geringen Anteil staatlicher Wohnungen besonders drastisch ausfallen, sofern nicht gegengesteuert wird. Hier sollte der Berliner Senat aktiv werden und den Rückkauf einiger Immobilien durch die öffentliche Hand erwägen, sofern dies möglich ist.

Zudem sind die Quartiersmanagements dabei gefragt Bewohner zu unterstützen, die von Verdrängung betroffen sind. Hier bieten sich Betroffenenräte oder gelegentlicher Rechtsbeistand an.

Der Ruf von Moabit hat sich in den letzten Jahren, unter anderem durch Imagekampagnen, aber auch durch das zunehmende Interesse von Berlinern und Touristen wegen der Nähe zu vielen Attraktionen, verbessert. Eine Ausweitung des Tourismus im Gebiet kann deshalb ebenfalls vermutet werden.

Möglicherweise wird Moabit bereits in den nächsten drei bis fünf Jahren in die nächste Phase des Phasenmodells der Gentrifizierung rutschen. Es gilt deshalb die negativen Folgen der Gentrifizierung frühzeitig zu erkennen und einzudämmen, sowie positive Effekte zu nutzen. Auch ein durch Quartiersmanagements und Bewohner gemeinsam gesteuertes Incumbent Upgrading birgt die Möglichkeit den Gentrifizierungstendenzen entgegen zu wirken. Durch die gezielte geringfügige Aufwertung bestimmter Gebäude lässt sich eine Übernahme durch Investoren womöglich vermeiden, was die Gefahr von Verdrängung zumindest einschränkt. Zudem wird den Bewohner dabei eine Beteiligung eingeräumt.

Insgesamt sind beide Gebiete weniger weit fortgeschritten, als zu Beginn der Arbeit noch vermutet wurde. Dies hängt auch damit zusammen, dass Berlin als Stadt insgesamt einen großen Entwicklungsprozess durchlebt hat, wobei durch einen Fahrstuhleffekt auch eher benachteiligte Gebiete wie Wedding und Moabit profitiert haben.

Moabit weist allerdings deutlich mehr Aufwertungspotenziale auf als Wedding und sollte deshalb in den nächsten Jahren durch Politik und Gentrification-Forschung beobachtet werden.

Literaturverzeichnis

Literatur

1. Berger, Peter A.; Hank, Karsten; Tölke, Angelika (2011): Reproduktion von Ungleichheit durch Arbeit und Familie. 1. Auflage. Wiesbaden: VS Verlag für Sozialwissenschaften / Springer Fachmedien Wiesbaden GmbH Wiesbaden (Sozialstrukturanalyse).
2. Blasius, Jörg (1993): Gentrification und Lebensstile. Eine empirische Untersuchung. 1. Auflage. Wiesbaden: Deutscher Universitätsverlag (DUV Sozialwissenschaft).
3. Blasius, Jörg (2004): Gentrification und die Verdrängung der Wohnbevölkerung. In: Robert Kecskes, Michael Wagner und Christof Wolf (Hg.): Angewandte Soziologie. 1. Auflage. Wiesbaden: VS Verlag für Sozialwissenschaften, S. 21–44.
4. Bouali, Kerima; Gude, Sigmar (2014): Gentrifizierung oder Wiederkehr der Wohnungsnot? Sozialstrukturelle Entwicklungstendenzen in Berliner Innenstadtwohngebieten. In: Holm, Andrej (Hg.): Reclaim Berlin. Soziale Kämpfe in der neoliberalen Stadt. 1. Auflage. Berlin, Hamburg: Assoziation A Verlag, S. 27–49.
5. Breckner, Ingrid (2010): Gentrifizierung im 21. Jahrhundert. In: Aus Politik und Zeitgeschichte (17), S. 27–32.
6. Bröcker, Katharina (2013): Metropolen im Wandel. Gentrification in Berlin und Paris. 1. Auflage. Darmstadt: Büchner-Verlag.
7. Callies, Christian (1995): Berlin auf dem Weg zur Global City? Zur zukünftigen Raumfunktion Deutschlands größter Stadt. Diplomarbeit. Universität Bayreuth, Bayreuth. Abteilung Raumplanung.
8. CBRE GmbH; Berlin Hyp Ag (2015): Wohnmarktreport Berlin 2015. 11. Auflage. Berlin. Online verfügbar unter http://www.berlinhyp.de/fuer-im mobilienkunden/gewerbliche-immobilienfinanzierung/publikationen-fuer-kunden/wohnmarktreportberlin2015.html.
9. CBRE GmbH; Berlin Hyp Ag (2016): Wohnmarktreport Berlin 2016. mit Wohnkostenatlas. 12. Auflage. Berlin. Online verfügbar unter http://www.berlinhyp.de/fuer-immobilienkunden/gewerbliche-immobilien finanzierung/publikationen-fuer kunden/wohnmarktreportberlin2015.html.
10. Clay, Philip L. (1979): Neighborhood renewal. Middle-class resettlement and incumbent upgrading in Amer. neighborhoods. 1. Auflage. Lexington, Massachusetts: Heath (Lexington Books).

11.Dangschat, Jens S. (1988): Gentrification: Der Wandel innenstadtnaher Wohnviertel. In: Friedrichs, Jürgen (Hg.): Kölner Zeitschrift für Soziologie und Sozialpsychologie. Kölner Zeitschrift für Soziologie und Sozialpsychologie (29). Opladen: Westdeutscher Verlag, S. 272–292.

12.Dangschat, Jens S. (2000): Sozial-räumliche Differenzierung in Städten: Pro und Contra. In: Harth, Annette; Scheller, Gitta und Tessin, Wulf (Hg.): Stadt und soziale Ungleichheit. 1. Auflage. Wiesbaden: VS Verlag für Sozialwissenschaften, S. 141–159.

13.Dettmer, Klaus (1988): Wedding. 1. Auflage. Berlin: Colloquium-Verlag (Geschichte der Berliner Verwaltungsbezirke, Hrsg.: Ribbe, Wolfgang, 10).

14.Diller, Christian (2014): Zu Stand und Entwicklung der Gentrification-Forschung in Deutschland. In: Diller, Christian (Hg.): Gentrification in Berlin. Gesamtstädtische Betrachtungen - Fallstudien - Steuerungsmöglichkeiten. 1. Auflage. Aachen: Shaker Verlag (Gießener geographische Manuskripte, 9), S. 9–43.

15.Erlinghagen, Marcel; Hank, Karsten (2013): Neue Sozialstrukturanalyse. Ein Kompass für Studienanfänger. 1. Auflage. München: Fink Verlag (UTB Soziologie, 3994).

16.Friedrichs, Jürgen (1995): Stadtsoziologie. 1. Auflage. Opladen: Leske + Budrich.

17.Friedrichs, Jürgen (1996): Gentrification: Forschungsstand und methodologische Probleme. In: Jürgen Friedrichs und Robert Kecskes (Hg.): Gentrification. Theorie und Forschungsergebnisse. Wiesbaden: VS Verlag für Sozialwissenschaften, S. 13–40.

18.Gestring, Norbert; Janßen, Andrea (2002): Sozialraumanalysen aus stadtsoziologischer Sicht. In: Riege, Marlo und Schubert, Herbert (Hg.): Sozialraumanalyse. Grundlagen - Methoden - Praxis. 1. Auflage. Wiesbaden: VS Verlag für Sozialwissenschaften, S. 147–160.

19.Gold, Monika; Seels, Margaretha; Bothe, Monika (2014): Bezirksregionenprofil 2014. Wedding Zentrum. Teil 1. Berlin: Bezirksamt Mitte von Berlin.

20.Goryanoff, S. (2012): Projekt Lokale Ökonomie - Abschlussbericht. Unter Mitarbeit von Tugba Özscan. Berlin.

21.GSW Immobilien AG (2007): GSW Wohnmarktreport Berlin. 2007. 7. Auflage. Berlin.

22.GSW Immobilien AG (2014): GSW Wohnmarktreport Berlin. 2014. 10. Auflage. Berlin.

23. Harlander, Tilman; Kuhn, Gerd (2012): Deutschland - „Mischung" in kommunaler Praxis und Wohnungswirtschaft. In: Harlander, Tilman und Kuhn, Gerd (Hg.): Soziale Mischung in der Stadt. Case Studies - Wohnungspolitik in Europa - Historische Analyse. 1. Auflage. Stuttgart: Krämer, S. 386–407.

24. Harth, Annette; Scheller, Gitta; Tessin, Wulf (2000): Soziale Ungleichheit als stadtsoziologisches Thema - Ein Überblick. In: Annette Harth, Gitta Scheller und Wulf Tessin (Hg.): Stadt und soziale Ungleichheit. 1. Auflage. Wiesbaden: VS Verlag für Sozialwissenschaften, S. 16–38.

25. Häußermann, Hartmut; Kapphan, Andreas (2002): Berlin: Von der geteilten zur gespaltenen Stadt? Sozialräumlicher Wandel seit 1990. 2. Auflage. Opladen: Leske + Budrich.

26. Häußermann, Hartmut; Siebel, Walter (2000b): Soziologie des Wohnens. Eine Einführung in Wandel und Ausdifferenzierung des Wohnens. 2. Auflage. Weinheim: Juventa-Verlag (Grundlagentexte Soziologie).

27. Häußermann, Hartmut; Siebel, Walter (2000a): Wohnverhältnisse und Ungleichheit. In: Harth, Annette; Scheller, Gitta und Tessin, Wulf (Hg.): Stadt und soziale Ungleichheit. 1. Auflage. Wiesbaden: VS Verlag für Sozialwissenschaften, S. 120–140.

28. Holm, Andrej (2013): Wir bleiben alle! Gentrifizierung - Städtische Konflikte um Aufwertung und Verdrängung. 2. Auflage. Münster: UNRAST-Verlag.

29. Holm, Andrej (2014): Mieten Wahnsinn. Warum Wohnen immer teurer wird und wer davon profitiert. 1. Auflage. München: Knaur Taschenbuch.

30. Hradil, Stefan (2009): Lagen und Milieus: Sozialstrukturanalyse in einer fortgeschrittenen Gesellschaft. In: Solga, Heike; Powell, Justin und Berger, Peter A. (Hg.): Soziale Ungleichheit. Klassische Texte zur Sozialstrukturanalyse. 1. Auflage. Frankfurt am Main: Campus-Verlag (Campus-Reader), S. 281–311.

31. Investitionsbank Berlin (2011): IBB Wohnungsmarktbericht 2011. Berlin.

32. Krajewski, Christian (2006): Urbane Transformationsprozesse in zentrumsnahen Stadtquartieren. Gentrifizierung und innere Differenzierung am Beispiel der Spandauer Vorstadt und der Rosenthaler Vorstadt in Berlin. 1. Auflage. Münster: Inst. für Geographie der Westfälischen Wilhelms-Univ. Münster (Münstersche geographische Arbeiten, 48).

33. Löw, Martina; Steets, Silke; Stoetzer, Sergej (2008): Einführung in die Stadt- und Raumsoziologie. 2. Auflage. Opladen: Verlag Barbara Budrich (UTB Soziologie, 8348).

34. Marquardt, Tanja (2006): Käthes neue Kleider. Gentrifizierung am Berliner Kollwitzplatz in lebensweltlicher Perspektive. Univ., Diss.-Tübingen, 2005. 1. Auflage. Tübingen.

35. Mayer, Karl Ulrich; Hilmert, Steffen (2004): Neue Felxibilitäten oder blockierte Gesellschaft? Sozialstruktur und Lebensverläufe in Deutschland 1960 - 2000. In: Kecskes, Robert; Wagner, Michael und Wolf, Christof (Hg.): Angewandte Soziologie. 1. Auflage. Wiesbaden: VS Verlag für Sozialwissenschaften, S. 129–158.

36. Müller, Hans-Peter (2009): Lebensstile: Ein neues Paradigma der Differenzierungs- und Ungleichheitsforschung? In: Solga, Heike; Powell, Justin und Berger, Peter A. (Hg.): Soziale Ungleichheit. Klassische Texte zur Sozialstrukturanalyse. 1. Auflage. Frankfurt am Main: Campus-Verlag (Campus-Reader), S. 331–343.

37. Novy, Johannes (2014): »Berlin does not love you« – Über die Tourismuskontroverse in der von Besuchern »eroberten Stadt«. In: Holm, Andrej (Hg.): Reclaim Berlin. Soziale Kämpfe in der neoliberalen Stadt. 1. Auflage. Berlin, Hamburg: Assoziation A Verlag, S. 250–270.

38. Plate, Elke; Polinna, Cordelia; Tonndorf, Thorsten (2014): Aufwertung. Verdrängung. Soziale Mischung sichern. Das Beispiel Berlin. In: Informationen zur Raumentwicklung (4), S. 291–304.

39. Schmiedecke, Ralf (2005): Berlin-Wedding. Neue Bilder aus alter Zeit. 1. Auflage. Erfurt: Sutton Verlag (Die Reihe Archivbilder).

40. Schnur, Olaf (2003): Lokales Sozialkapital für die „soziale Stadt“. Politische Geographien sozialer Quartiersentwicklung am Beispiel Berlin-Moabit. 1. Auflage. Opladen: Leske + Budrich.

41. Senatsverwaltung für Stadtentwicklung, Umweltschutz und Technologie (Hg.) (1998): Sozialorientierte Stadtentwicklung. Gutachten im Auftrag der Senatsverwaltung für Stadtentwicklung, Umweltschutz und Technologie. Unter Mitarbeit von Häußermann, Hartmut und Kapphan, Andreas. Institut für Stadtforschung und Strukturpolitik; Berlin. 1. Auflage. Berlin: Kulturbuch-Verlag (Berlin, Stadtentwicklung, 18).

42. Spannagel, Dorothee (2015): Trotz Aufschwung: Einkommensungleichheit geht nicht zurück. WSI-Verteilungsbericht 2015. Report. In: *WSI-Report* (Nr. 26).

43. Spellerberg, Annette (2004): Lebensstile und Mobilitätsabsichten in prekären Wohngebieten. Das Beispiel Kaiserslautern Innenstadt-West. In: Walther, Uwe-Jens und Mensch, Kirsten (Hg.): Armut und Ausgrenzung in der „Sozialen Stadt“. Konzepte und Rezepte auf dem Prüfstand. 1. Auflage. Darmstadt: Verlag Schader-Stiftung (Praxis + Theorie), S. 111–128.

44. Spiegel, Erika (2000): Haushaltsformen und Lebensstile im Lebensverlauf - Wohn- und Standortbedürfnisse und -präferenzen. In: Harth, Annette; Scheller, Gitta und Tessin, Wulf (Hg.): Stadt und soziale Ungleichheit. 1. Auflage. Wiesbaden: VS Verlag für Sozialwissenschaften, S: 197–216.
45. Stark, Holger (1997): Gentrification in Prenzlauer Berg? Stadträumliche Tendenzen in der Berliner Mitte. HSB-papers 5/97. Freie Universität Berlin, Berlin.
46. Statistisches Landesamt Berlin (1985): Statistisches Jahrbuch 1985. Berlin. Kulturbuch-Verlag.
47. Statistisches Landesamt Berlin (1990): Statistisches Jahrbuch 1990. Berlin. Kulturbuch-Verlag.
48. Statistisches Landesamt Berlin (1995): Statistisches Jahrbuch 1995. Berlin. Kulturbuch-Verlag.
49. Statistisches Landesamt Berlin (2000): Statistisches Jahrbuch 2000. Berlin. Kulturbuch-Verlag.
50. Steglich, Ulrike (2016a): Spielen, skaten, Sonne tanken. Der rundumerneuerte Kleine Tiergarten Ost wurde mit einem Kiezfest eröffnet. In: Ecke Turmstraße, Juni/Juli 2016 (Nr. 4), S. 3.
51. Steglich, Ulrike (2016b): Grünes Licht für die Turmstraßen-Tram. Damit können auch die Planungen für Alt-Moabit wieder aufgenommen werden. In: Ecke Turmstraße, Juni/Juli 2016 (Nr. 4), S. 4.
52. Topos Stadtforschung (2009): Sozialstudie Quartiersmanagement Moabit-West. Berlin: Bezirksamt Mitte von Berlin.
53. Uffer, Sabina (2014): Wohnungsprivatisierung in Berlin – Eine Analyse verschiedener Investitionsstrategien und deren Konsequenzen für die Stadt und ihre Bewohner. In: Holm, Andrej (Hg.): Reclaim Berlin. Soziale Kämpfe in der neoliberalen Stadt. 1. Auflage. Berlin, Hamburg: Assoziation A Verlag, S. 64–82.

Internetquellen

1. Abendschau Berlin vom 22.06.2016, online verfügbar unter: http://media thek.rbb-online.de/tv/Abendschau/Neue-Wohnungen-für-Moabit/rbb-Fernsehen/Video?documentId=36140354&topRessort=tv&bcastId=3822076, letzter Stand: 27.06.2016.
2. Anders, Florentine – Der Wedding kommt, aber anders, online verfügbar unter: http://www.morgenpost.de/berlin/stadtteilserie/article103031626/Der-Wedding-kommt-aber-anders.html, letzter Stand: 05.07.2016.
3. Beitzer, Hannah – Erst komme ich, dann kommt der Wedding, online verfügbar unter: http://www.sueddeutsche.de/leben/gentrifizierung-in-gross staedten-erst-komme-ich-dann-kommt-der-wedding-1.2518287, letzter Stand: 05.07.2016.
4. Bezirksamt Mitte – Geschichte des Bezirks Mitte, Das Umland, online verfügbar unter: https://www.berlin.de/ba-mitte/ueber-den-bezirk/historisches/geschichte/, letzter Stand: 12.05.2016.
5. Bezirksamt Mitte - Die Geschichte des Bezirks Mitte, Der Bezirk heute, online verfügbar unter: https://www.berlin.de/ba-mitte/ueber-den-bezirk/historisches/geschichte/, letzter Stand: 12.05.2016.
6. Bezirksamt Mitte – Die Geschichte des Bezirks Mitte, Die Berliner Mauer, online verfügbar unter: https://www.berlin.de/ba-mitte/ueber-den-bezirk/historisches/geschichte/, letzter Stand: 12.05.2016.
7. Bezirksamt Mitte – Die Geschichte des Bezirks Mitte, Die Weimarer Republik, online verfügbar unter: https://www.berlin.de/ba-mitte/ueber-den-bezirk/historisches/geschichte/, letzter Stand: 12.05.2016.
8. Bezirksamt Mitte – Die Geschichte des Bezirks Mitte, Die Zeit des Nationalsozialismus, online verfügbar unter: https://www.berlin.de/ba-mitte/ueber-den-bezirk/historisches/geschichte/, letzter Stand: 12.05.2016.
9. Bezirksamt Mitte – Die Geschichte des Bezirks Mitte, Hauptstadt des Kaiserreichs, online verfügbar unter: https://www.berlin.de/ba-mitte/ueber-den-bezirk/historisches/geschichte/, letzter Stand: 12.05.2016.
10. Bezirksamt Mitte – Die Geschichte des Bezirks Mitte, Industrialisierung, online verfügbar unter: https://www.berlin.de/ba-mitte/ueber-den-bezirk/historisches/geschichte/, letzter Stand: 12.05.2016.
11. Bezirksamt Mitte –Die Geschichte des Bezirks Mitte, Mittelalterliche Siedlungen, online verfügbar unter: https://www.berlin.de/ba-mitte/ueber-den-bezirk/historisches/geschichte/, letzter Stand: 12.05.2016.

12. Bezirksamt Mitte –Technologiepark Humboldthain, online verfügbar unter: https://www.berlin.de/ba-mitte/politik-und-verwaltung/service-und-organisationseinheiten/wirtschaftsfoerderung/wirtschaftsstandort/, letzter Stand: 04.07.2016.
13. Bundesnachrichtendienst –Neubau der Zentrale, online verfügbar unter: http://www.bnd.bund.de/DE/Organisation/Neubau_der_Zentrale/neubau_der_zentrale_node.html, letzter Stand: 04.07.2016.
14. Fis-Broker, LOR-Daten 2012, online verfügbar unter: http://fbinter.stadt-berlin.de/fb/index.jsp, letzter Stand: 22.06.2016.
15. Greive, Martin –Berlin wandelt sich vom Armenhaus zur Boomtown, online verfügbar unter: http://www.welt.de/wirtschaft/article122103653/Berlin-wandelt-sich-vom-Armenhaus-zur-Boom-Town.html, letzter Stand: 01.07.2016.
16. Hamburger Bahnhof – über uns, online verfügbar unter: http://www.smb.museum/museen-und-einrichtungen/hamburger-bahnhof/ueber-uns/profil.html, letzter Stand 27.06.2016.
17. Holm, Andrej – Gentrification-Blog, online verfügbar unter: https://gentrificationblog.wordpress.com, letzter Stand: 10.06.2016.
18. Immomanie real estate GmbH –Referenzen, online verfügbar unter: http://immomanie.com/verkaufte-liegenschaften.html?page_n168=2, letzter Stand: 02.07.2016.
19. Immomanie real estate GmbH –Referenzen, online verfügbar unter: http://immomanie.com/verkaufte-liegenschaften.html?page_n168=3, letzter Stand: 27.06.2016.
20. Kraetzer, Ulrich –Auto-Brände: 408 Autos wurden 2014 durch Brandstifter beschädigt, online verfügbar unter: http://www.morgenpost.de/berlin/article137058164/408-Autos-wurden-2014-durch-Brandstifter-beschaedigt.html, letzter Stand: 07.06.2016.
21. Moabit Gentrifizierung, online verfügbar unter: https://moabit.crowdmap.com, letzter Stand: 29.06.2016.
22. Moabit ist Beste, online verfügbar unter: http://moabit-ist-beste.de, letzter Stand: 27.06.2016.
23. Prime Time Theater – Gutes Wedding Schlechtes Wedding, online verfügbar unter: http://primetimetheater.de/gwsw, letzter Stand: 04.07.2016.
24. Quartiersmanagement Berlin, online verfügbar unter: http://www.quartiersmanagement-berlin.de, letzter Stand: 05.07.2016.

25. Quartiersmanagement Pankstraße –Integriertes Handlungs- und Entwicklunsgkonzept 2015/16, online verfügbar unter: http://www.pankstrasse-quartier.de/uploads/media/IHEK_Pankstrasse_2015-16.pdf, letzter Stand: 05.07.2016.
26. Quartiersmanagement Sparrplatz –Integriertes Handlungs- und Entwicklungskonzept 2011, online verfügbar unter: http://www.sparrplatz-quartier.de/uploads/media/IHEK_Sparrplatz_2011.pdf, letzter Stand: 05.07.2016.
27. Quartiersmanagement Sparrplatz –Integriertes Handlungs- und Entwicklungskonzept 2013, online verfügbar unter: http://www.sparrplatz-quartier.de/uploads/media/IHEK_Sparrplatz_2013.pdf, letzter Stand: 05.07.2016.
28. Senatsverwaltung für Stadtentwicklung und Umwelt –Europacity: Planung, online verfügbar unter: http://www.stadtentwicklung.berlin.de/planen/stadtplanerische_konzepte/ heidestrasse/de/planung.shtml, letzter Stand: 27.06.2016.
29. Senatsverwaltung für Stadtentwicklung und Umwelt – Private Bauvorhaben im Plangebiet, online verfügbar unter: http://www.stadtentwicklung.berlin.de/planen/staedtebau-projekte/bnd/de/realisierung/private_bauvor haben/index.shtml, letzter Stand: 04.07.2016.
30. Stadtplan von Moabit, online verfügbar unter: https://upload.wikimedia.org/wikipedia/commons/7/73/Berlin-Moabit_Karte.png, letzter Stand: 08.06.2016.
31. Stadtplan von Wedding, online verfügbar unter: https://upload.wikimedia.org/wikipedia/commons/3/3c/Berlin-Wedding_Karte.png, letzter Stand: 08.06.2016.
32. Technologie-Park Humboldthain, online verfügbar unter: http://www.tph-berlin.net, letzter Stand: 04.07.2016.
33. Wem gehört Moabit? – Ergebnis: Eigentümerstruktur, online verfügbar unter: http://wem-gehoert-moabit.de/wp-content/uploads/2011/05/Ergebnis-Faltblatt.pdf, letzter Stand: 27.06.2016.

Zeitfracht Medien GmbH
Ferdinand-Jühlke-Straße 7
99095 Erfurt, Deutschland
produktsicherheit@kolibri360.de